AF399136

rüffer & rub

STEVEN ISSERLIS

WARUM BEETHOVEN MIT GULASCH UM SICH WARF

Und viele andere Geschichten über das
Leben berühmter Komponisten

Aus dem Englischen von
Kathrin Balmer-Fisch

Für Gabriel (wie immer) und für meine tollen Nichten Isabel und Natasha, aber auch für Stepan Chilingirian, Yuval Shallon, Benjamin Doane und alle meine andern jungen Freunde, die mich davon überzeugt haben, dass Kinder das BESTE sind.

Bemerkung für die Eltern

Jedes Kapitel besteht aus drei Teilen: einem Porträt des Komponisten, das die Kinder selbst lesen (oder es sich vorlesen lassen) können, einer kurzen Beschreibung der Musik mit Hinweisen auf einige Stücke, die den Kindern ganz besonders gut gefallen könnten, und einer kurzen Biografie jedes Komponisten, mit mehr Geschichten aus seinem Leben, die einzeln oder als Ganzes gelesen werden können.

Das Original erschien 2001 bei Faber and Faber Limited, England, unter dem Titel **Why Beethoven Threw the Stew**

Zweite Auflage Frühjahr 2018
Alle Rechte vorbehalten
Copyright © 2005 by rüffer&rub Sachbuchverlag, Zürich

Cover-Illustration: Igor Kravarik, Zürich
Herstellung: Books on Demand GmbH, Norderstedt
Papier: Cremeweiss, 90 g/m²

ISBN 978-3-907625-26-2

Inhalt

Der Zauber der Musik

Musik ist eine Art Zauberei. Wer hat sie erfunden? Niemand weiß es. Woher kommt sie? Niemand weiß es. Wer komponiert sie? Niemand w... – Moment mal, das wissen wir doch. Komponisten komponieren sie. Sie schreiben eine Reihe Punkte und Linien auf ein Blatt Papier, dann tauchen Musiker mit ihren Instrumenten und ihren Stimmen auf, sehen sich die Punkte und Linien auf dem Blatt an und entlocken ihnen Klänge (und Sinn). Klingt das alles sehr rätselhaft? Ist es eigentlich nicht, denn die Worte, die du jetzt gerade liest, sind auch nur eine Reihe aus Punkten und Linien. Du weißt, was sie bedeuten, und deshalb musst du sie nur ansehen und kannst ihnen Laute (und Sinn) entlocken. Vielleicht ist Musik wirklich nur eine andere Sprache mit einer eigenen Bedeutung. Doch etwas ist in der Musik geheimnisvoller als in anderen Sprachen: Die Palette an Klängen ist viel, viel größer als bei jeder gesprochenen Sprache, und da Töne nicht an eine bestimmte Bedeutung gebunden sind, können sie auch viel mehr ausdrücken. Zwar gibt es keinen Musikton, der zum Beispiel »Wurst« oder »dreckige Wäsche« bedeutet, doch ein musikalischer Satz oder Satzteil kann glücklich, traurig, nachdenklich, nostalgisch und eifrig klingen, und das alles gleichzeitig! Worte würden bald an eine Grenze stoßen, wenn sie all das auf einmal auszudrücken versuchten. Vielleicht landen wir eines Tages auf einem fernen Planeten, Millionen von Lichtjahren weit weg, und finden dort Wesen, die sich nur in Musik unterhalten. Doch dazu müssten sie viel höher entwickelt sein als wir Menschen.

Was die Musik betrifft, hatte ich Glück. Ich wuchs in einem Haus voller Klänge auf. Mein Vater spielte Geige, meine Mutter Klavier (und für eine Weile Klarinette, bis wir hinter ihrem Rücken ein Tüchlein hineinstopften; sie sollte das Instrument für kaputt halten und mit dem Üben aufhören – das war gemein von uns, ich weiß, aber es hat funktioniert), meine älteste Schwester Bratsche und Klavier und meine mittlere Schwester Geige und Klavier. Wir hatten einen Hund namens Dandy (er ist leider schon lange im Hundehimmel), der sich in seinem Sessel aufrichtete, seine kurzen Beinchen auf die Lehne stützte und sich die kleine Seele aus dem Leib heulte, wenn wir auf dem Klavier ein bestimmtes Stück von Mozart spielten. Falls wir aber Fehler machten und er das Stück nicht wiedererkannte, dann sah er uns entrüstet an, schnaubte angewidert und schlief ein.

Dank meiner Familie waren mir alle Namen in diesem Buch – Bach, Mozart, Beethoven usw. – ein Begriff, doch ich wusste nicht viel über sie. Erst als ich bei meiner wichtigsten Cellolehrerin, einer Frau namens Jane Cowan, Stunden nahm, lernte ich diese Komponisten als Menschen kennen; meine Leh-rerin erweckte sie zum Leben! Sie zitierte Stellen aus ihren Briefen, erzählte Geschichten über sie, lachte über die musikalischen Witze, die sie in ihren Stücken eingebaut hatten – sie ermutigte mich, mich mit ihnen anzufreunden. Und es stellte sich heraus, dass es tolle Freunde sind. Natürlich gibt es Grenzen: Ich konnte zum Beispiel Mozart nicht anrufen, wenn es mir schlecht ging. Es ist äußerst schwierig, Leute, die seit 1791 tot sind, per Telefon zu erreichen. Doch ich konnte Bücher über sein Leben lesen und seine Musik hören, und das fand ich damals und finde es auch heute noch ungemein faszinierend.

Du kennst wahrscheinlich das Gefühl: Du hast zwei Freunde, die einander noch nie begegnet sind, aber von denen du sicher bist, dass sie sich gut verstehen würden – du kannst es kaum erwarten, sie miteinander bekannt zu machen, und du hoffst natürlich, dass sie prima miteinander auskommen werden. Genau das ist der Grund, warum ich dieses Buch geschrieben habe. Ich hatte das Glück, alle diese Komponisten kennenzulernen, als ich

ein Kind war – brillante, manchmal extrem schwierige, manchmal sehr lustige, aber immer wunderbar lebendige Menschen.
Und ich wünsche mir, dass auch du diese Freunde fürs Leben ent-
deckst, die, auch wenn sie schon längst gestorben sind, weiterhin
zu uns sprechen, nämlich durch ihre Musik. Ich hoffe, dass ihr gut
miteinander auskommen werdet! Nun, warum hat Beethoven mit
Gulasch um sich geworfen? Um ganz ehrlich zu sein, er hat gar
kein Gulasch geworfen, sondern einen Teller mit Kalbfleisch an
viel Sauce, aber irgendwie würde dem Titel *Warum Beethoven
den Teller Kalbfleisch mit viel Sauce warf* das gewisse Etwas fehlen.
Abgesehen davon habe ich aber versucht, so genau wie möglich
zu sein. Man braucht im Leben dieser Komponisten nichts zu
erfinden – ihr Leben an sich war viel aufregender als alles, was
ich mir hätte ausdenken können. Wenn du weiterliest, findest du
nicht nur heraus, warum Beethoven Sauce verschüttete, sondern
auch, warum Bach 400 Kilometer zu Fuß ging, warum Mozarts
Friseur an ihm hängen blieb, warum Strawinsky mit dem einen
berühmten Maler zusammen verhaftet wurde und mit einem anderen ein gemeinsames Mittagessen verpasste – und so weiter.

Viel Vergnügen!
Steven Isserlis

JOHANN SEBASTIAN BACH
(1685–1750)

Ich hoffe, es wird nie passieren. Doch falls ich bei einem Strandspaziergang je eine interessant aussehende Flasche mit einem alten Korken fände und diesen Korken herauszöge; und falls ein riesiger, grüner Geist aus der Flasche führe und – anstelle eines Dankeschöns für die Befreiung aus der engen Flasche – mit dröhnender Stimme sagte: »Ich überlasse dir die Wahl: Bis zu deinem Lebensende darfst du nur noch die Musik eines einzigen Komponisten hören. Und jetzt – entscheide dich!« –, was würde ich antworten?

Nun, ich glaube, ich würde ihm zuerst einen kleinen Hinweis geben – sehr höflich (es mag altmodisch sein, aber im Umgang mit erzürnten, grünen Monstern, die bedrohlich über meinem Kopf schweben, halte ich viel von Höflichkeit) – und ihm sagen, dass die meisten aus Flaschen befreiten Geister mir in der Regel drei Wünsche anbieten würden und nicht nur eine Entscheidung, die es mir außerdem verunmöglichen würde, die Musik Hunderter von Komponisten, die ich schätze, zu hören. Vielleicht errötete der Flaschengeist an dieser Stelle ja, bisse sich auf die grüne Lippe und nuschelte: »Huch, tut mir ja so leid, Meister – mein Fehler. Ein kleiner Versprecher. Wünschen Sie dreimal drauflos, was immer Sie wollen. Oder nein, viermal. Ein zusätzlicher Wunsch als Entschuldigung für meine Dummheit.« Es kann aber auch sein, dass dies nicht geschieht. Vielleicht würde er donnern: »Einen Komponisten, habe ich gesagt – und das meine ich auch so. Und jetzt hör auf, mir zu widersprechen, oder ich stopfe dich in diese Flasche!« Daraufhin würde ich (ziemlich hastig) antworten: »Na schön, du fieser Flaschengeist. Wenn ich mich für nur einen einzigen Komponisten zu entscheiden und dieser Entscheidung mein Leben lang treu zu bleiben habe, dann muss es unbedingt Johann Sebastian Bach sein.« Angenommen, in diesem Moment verschwände der Flaschengeist (und ich atmete erleichtert auf – ein durch und durch unsympathisches Geschöpf, meiner unmaßgeblichen Meinung nach) und du stündest nun an seiner Stelle. Anstatt über meinem Kopf zu schweben, pflanztest du dich direkt vor mir auf, verschränktest herausfordernd deine Arme und fragtest: »Ach ja? Was ist denn so großartig an diesem Johann Sebastian Bach? Und was war er für einer?« Was würde ich dazu sagen?

Wahrscheinlich würde ich ein bisschen mit den Füßen scharren, meine Schuhspitzen studieren und dann in etwa antworten: »Das Großartige an ihm war seine Musik – sie war – sie ist – einfach genial! Jeder Ton, den er je geschrieben hat, klingt einfach richtig! Und er hat einige der traurigsten Stücke geschrieben, die es gibt, einige der glücklichsten, einige der schönsten, der aufregendsten …« – »Schon gut«, würdest du mich möglicherweise unterbrechen (eine Spur unhöflich, doch schon gut, schon gut – ich weiß, ich war etwas langatmig), »aber was war er für ein Mensch?«

»Tja, es freut mich, dass du das fragst. Nein, so froh bin ich nicht, dass du mich das fragst. Im Grunde genommen freue ich mich eigentlich überhaupt nicht, dass du mich das fragst. Es ist nämlich so – du bringst mich ganz schön in Verlegenheit, denn wir wissen gar nicht, was für ein Mensch er war.« Das stimmt: Sicher wissen wir von ihm nur, dass er ein sehr erfolgreicher Musiker war, der an einer Reihe von Arbeitsorten Orgel spielte, Konzerte gab, bei Fürsten, Herzögen und anderen hohen Tieren für Musik sorgte, junge Musiker unterrichtete usw., genau wie viele andere Berufsmusiker im Deutschland jener Zeit. Es ist nicht einmal bekannt, ob er wusste, dass er ein Genie war! (Ich vermute, ja – auch wenn er es möglicherweise nicht zugegeben hätte.)

Wenigstens wissen wir ungefähr, wie er aussah: Ein Porträt, das gemalt wurde, als er etwa 60 Jahre alt war, ist erhalten geblieben. Allerdings blickt er ziemlich grimmig drein – nichts erinnert an seine weise, freundliche Musik. Er runzelt die Stirn – vielleicht möchte er uns damit sagen, dass wir uns seine Musik anhören sollen, wenn wir erfahren wollen, was für ein Mensch er war! Und er trägt eine große, weiße Lockenperücke. (Ich wette, unter der Perücke hatte er eine Glatze.) Außerdem ist er – ähm – gut genährt – beleibt – von kräftigem Körperbau. Na schön, wenn du darauf bestehst – er ist ziemlich dick. Ganz bestimmt aß und trank er sehr gern. Wenn seine Freunde bei ihm einen Stein im Brett haben wollten, dann sandten sie ihm entweder ein gutes Stück Fleisch oder eine gute Flasche Branntwein oder Wein. Und bei seinen ersten Anstellungen wurde ihm ein Teil seines Jahresgehalts in Bier ausbezahlt! Wenn er sich zum Komponieren in sein Studierzimmer zurückzog, nahm er oft eine Flasche Branntwein mit. Ich frage mich, wie er zum Arbeiten einen klaren Kopf behalten konnte. Nun, damit hatte er anscheinend kein Problem.

Was Bach viel bedeutete, wohl noch weit mehr als Speis und Trank, war seine Familie. Er stammte aus einer der musikalischsten Familien aller Zeiten. Sein Ururgroßvater Veit Bach war Bäcker, und er konnte es nicht ertragen, ohne sein Musikinstrument zu sein: eine Hals-Zither, eine sehr alte Vorläuferin der Gitarre. Er nahm sie immer mit in die Backstube und spielte nach Herzenslust darauf, während das Korn zu Mehl gemahlen wurde. Seine beiden Söhne wurden vom »Musikvirus« angesteckt und vererbten es an ihre Kinder, die es wiederum an ihre Nachkommen weitervererbten und so weiter. Während der kommenden rund 50 Jahre wurden mehr als 75 Sprösslinge der Familie Bach Berufsmusiker, und mehr als 50 von ihnen hießen Johann. In der Region, in der die meisten von ihnen lebten, wurde der Name Bach mit Musiker gleichgesetzt!

Als unser Bach – Johann Sebastian – noch in den Kinderschuhen steckte, fand sich die ganze Familie einmal im Jahr zu einem riesigen Treffen zusammen. Da sie gläubige Christen waren, begannen sie mit ein paar Kirchenliedern. (Es erstaunt nicht, dass eine von Bachs Lieblingsbibelstellen von einer Zusammenkunft von 288 Mitgliedern desselben Stammes erzählt, die zusammen fromme Musik machen.) Wenn der ernste Teil jedoch vorüber war, sangen sie lustige Lieder und spielten dazu aus dem Stegreif die passende Begleitmusik. Sie änderten die Texte und Melodien, um einander zum Lachen zu bringen, und amüsierten sich gut damit. Sie brauchten keine Computerspiele, um sich die Zeit zu vertreiben …!

Unser Bach trug nicht unwesentlich zu dieser großen Familie bei, er hatte nämlich 20 Kinder! Leider starben 10 von ihnen noch im Kindesalter, was damals gar keine Seltenheit war. Aber auch 10 Kinder großzuziehen ist eine reife Leistung. Dreieinhalb seiner Söhne wurden ebenfalls berühmte Komponisten. (Soll heißen: Drei waren berühmt, einer war »halb berühmt«.)

Bach hatte zwei Ehefrauen (nicht zur gleichen Zeit natürlich). Die erste Frau, Maria Barbara, war seine Cousine ersten Grades (wie gesagt, er hatte seine Familie sehr gern!). Er war überaus glücklich mit ihr, und sie hatten zusammen 7 Kinder. Doch eines Tages, als er von einer langen Reise nach Hause kam (damals dauerte alles viel länger, denn man reiste mit der Kutsche – oder ging zu Fuß), musste er erfahren, dass seine Frau gestorben war! Als er wegging, war sie noch ganz gesund, und als er zurückkam, hatte man sie bereits beerdigt. Damals gab es noch kein Telefon, also auch keine Möglichkeit, ihn darauf vorzubereiten. Das muss ein schwerer Schock gewesen sein.

Aber im darauffolgenden Jahr heiratete er noch einmal, diesmal keine Verwandte: eine Sängerin namens Maria Magdalena. Er muss sich mächtig über die neue Ehefrau gefreut haben, denn nur für den Wein des Hochzeitsfests gab er einen Fünftel seines Jahresgehaltes aus! (Bitte einmal einen Erwachsenen, auszurechnen, wie viel ein Fünftel seines Jahreseinkommens ist, und frag ihn dann, ob ihm der Wein für ein Fest so viel Geld wert sei. Ich kann mir die Antwort gut vorstellen …) Anna Magdalena scheint ein großartiger Mensch gewesen zu sein, und beide zusammen waren offenbar ein harmonisches, wenn auch vielbeschäftigtes Paar. Sie schenkte 13 Kindern das Leben – kannst du dir das vorstellen? – und musste sich dazu noch um die 4 überlebenden Kinder aus Bachs erster Ehe kümmern, und dann lebten oft noch andere Verwandte im Haus. Sie sang oft an Bachs Konzerten, lernte bei ihm Cembalo (ein älterer Bruder des Klaviers) und wahrscheinlich Orgel spielen und schrieb Bachs neue Stücke ab (ob sie je seine Perücke wusch?). Sie fand sogar noch Zeit – wie wohl? – für die Gartenarbeit, denn sie liebte Blumen und Vögel. Oft kam auch Besuch; die Bachs gaben gern Abendgesellschaften. Wahrscheinlich wurden die Gäste von der ganzen Familie Bach mit Musik und Gesang unterhalten. Es muss in diesem Haus ziemlich betriebsam gewesen sein, aber sicher auch sehr kurzweilig.

Allzu viel Zeit konnte Bach allerdings nicht mit seiner Frau und seinen Kindern verbringen, denn er hatte zu tun! Zunächst einmal komponierte er natürlich ständig. Heute würde ein Durchschnittsmensch, selbst wenn er 24 Stunden am Tag arbeitete, Jahre brauchen, nur um Bachs Kompositionen abzuschreiben. (Und dabei ist die riesige Zahl an Stücken gar nicht mitgezählt, die ärgerlicherweise verloren gegangen sind.) Er war aber auch der beste Organist und Cembalist seiner Zeit. Die Stücke, die er an Ort und Stelle erfand, ließen die Leute ins Schwärmen geraten: So schön, so brillant, so kompliziert! Doch wann hat er wohl geübt? Jeder Musiker, sogar ein Genie, muss üben, damit er das Niveau seines Spiels halten kann. Bach musste jeden Tag stundenlang seine Schüler unterrichten, mit dem Chor und dem

Orchester für die wöchentlich stattfindenden Gottesdienste und Konzerte proben, dirigieren, Geige und Bratsche spielen, seine eigenen Tasteninstrumente stimmen, eine Menge neu gebauter Orgeln prüfen (niemand wusste besser über diese Instrumente und ihre Funktionsweise Bescheid als er), neue Instrumente für seine eigenen Stücke erfinden, wenn er neue Klänge wollte – und er musste unglaublich lange und langweilige Briefe an seine Arbeitgeber schreiben, worin er sich über alles Mögliche beschwerte – meistens im Zusammenhang mit Geld. Nun ja, vielleicht ist diese letzte Tätigkeit nicht gerade so besonders beeindruckend. Doch der Rest ist es garantiert: Wie hat er es bloß geschafft, alles unter einen Hut zu bringen? Vielleicht schlief er nur 5 Minuten pro Nacht – und seine Tage waren alle 48 Stunden lang!

Moment mal – was ist denn das? Ich höre in meinem Ohr eine leise, aber beharrliche Stimme – woher kommt sie bloß? Aha – du bist es! Stehst immer noch mit verschränkten Armen da. (Tun sie dir unterdessen nicht weh?) »Na schön, jetzt wissen wir, was er gemacht hat«, sagst du bestimmt, »doch wie WAR er?«

Also gut – ich werde dir (in ganz kurzen Zügen) erzählen, was für ein Mensch er meiner Meinung nach gewesen sein muss. Wir wissen, dass er zweimal glücklich verheiratet war, dass er eine Menge Freunde hatte und dass er anderen Musikern gegenüber meistens sehr freundlich war; doch zu Leuten, die er nicht mochte, konnte er äußerst unfreundlich sein. Er stritt ständig mit seinen Arbeitgebern, gleichgültig, ob sie nun Amtsträger eines Fürstenhofs oder Mitglieder des Rats einer Stadt waren. Bei praktisch allen Briefen, die von ihm erhalten geblieben sind, handelt es sich um Beschwerdebriefe, die an »Magnifizenzen, hoch- und wohledle, hoch- und wohlgelehrte, hoch- und wohlweise Gönner und Herrn!« gerichtet waren – doch wenn du die Briefe liest, wirst du feststellen, dass Bach sie viel lieber an

»Hohlköpfe, hoch- und wohldumme, hoch- und wohllästige, hoch- und wohlblöde Idioten und Schwachköpfe!« gerichtet hätte. Die meisten von ihnen konnte er nicht ausstehen, und sie mochten ihn nicht. Immer wollte er Geld von ihnen – nicht unbedingt für sich selbst (obwohl er nichts dagegen gehabt hätte!), sondern in erster Linie brauchte er das Geld, damit er mehr und bessere Musiker für die Aufführungen seiner Werke engagieren konnte. Sein Ziel war Perfektion, und seine Arbeitgeber wollten einfach ein ruhiges, normales Leben.

Obwohl Bach im Allgemeinen als »liebenswürdig« beschrieben wurde, lag ihm Musik so sehr am Herzen, dass er ihretwegen viel zu schnell die Beherrschung verlor. Als junger Mann duellierte er sich mit einem Studenten, dessen Fagottspiel er nicht mochte, und später im Leben wurde er einmal so wütend auf einen Musiker, der immer falsch spielte, dass er sich die Perücke vom Kopf riss und sie nach ihm warf! Auch in offiziellen Situationen konnte er seine guten Manieren vergessen: Einmal ging Bach an ein Fest. Bei seinem Eintreffen spielte gerade ein Cembalist. Als dieser den großen Bach sah, hörte er sofort auf zu spielen, einfach mitten in einer Phrase. Bach konnte es nicht ertragen, dass die Musik so abrupt abbrach; er übersah die ausgestreckte Hand und überhörte die höflichen Begrüßungsworte seines Gastgebers, stürzte an ihm vorbei ans Cembalo und beendete die Phrase!

Vielleicht guckt er auf dem Bild deshalb so böse: Er ging wahrscheinlich so sehr in der Musik auf, war ständig so voller Musik, dass er an nichts anderes mehr dachte. Gut möglich, dass Modellsitzen für ihn Zeitverschwendung war – vielleicht plauderte der Künstler während des Malens mit Bach und lenkte ihn von der Musik in seinem Kopf ab? Ich kann mir gut vorstellen, dass Bach jemanden, der mit ihm über ein durchaus faszinierendes Thema sprechen wollte – zum Beispiel über das Wetter an jenem Tag oder das Wetter am nächsten Tag oder vielleicht über das Wetter tags zuvor – zwar ansah, dass seine Gedanken jedoch bei seinem nächsten Stück waren oder er darüber nachdachte, wer sein neuestes Stück am schönsten spielen könnte. Deshalb war es wohl nicht einfach, ihn kennenzulernen oder mit ihm auszukommen.

Die Musik

Die Qualität der Musik ist bei den meisten Komponisten unterschiedlich, sogar bei den größten. Neben Meisterwerken finden sich Stücke, für die man sich ein bisschen entschuldigen muss: »Ach, als er dies schrieb, experimentierte er nur«, oder: »Dieses wurde in Eile geschrieben.« Von Bach habe ich noch nie ein Stück gehört, das – wenigstens mir – nicht perfekt erscheint; jede Note ist inspirierend! Und er experimentierte seltsamerweise immer, und er war immer in Eile! (Möglicherweise sind ein paar seiner ersten Werke nicht gänzlich welterschütternd, doch er überwand solche Ausbrüche normaler menschlicher Schwäche schnell.) Er pflegte seine Stücke im Kopf zu komponieren und schrieb sie dann nieder. Zum Aufschreiben benutzte er äußerst selten einen Bleistift, er griff direkt zur Tinte. (Und in den seltenen Fällen, in denen er einen Fehler machte, musste er die falsche Note mit einem Messer wegkratzen.) Ein paar seiner Werke hat er überarbeitet, sie verbessert und verfeinert. Doch auch wenn er dies nicht tat, war das Resultat immer großartige Musik, die ohne Aufwand entstanden zu sein schien.

Bachs Musik kann zutiefst traurig sein; eines seiner größten Werke ist die *Matthäus-Passion*, die auf dem Matthäus-Evangelium aus dem Neuen Testament der Bibel basiert und die Geschichte der Kreuzigung von Jesus Christus erzählt. Das Stück dauert fast drei Stunden und scheint jede mögliche Nuance der Trauer auszuloten. Doch seine Musik kann auch vollkommen glücklich klingen, voller sprudelnder Tanzrhythmen und fröhlicher Melodien – zum Beispiel die *Brandenburgischen Konzerte*. Das sind sechs Orchesterwerke mit verschiedenen Soloinstrumenten, so auch Trompete und Blockflöte – nebeneinander! Eine seltsame Kombination – eines der lautesten Instrumente zusammen mit einem der leisesten –, doch wenn er es an die Hand nimmt, dann funktioniert's. Seine Musik kann auch voller Trost und Friede sein; unter seinen Choralvorspielen für die Orgel gibt es einige der ruhigsten, strahlendsten Musikstücke, die je geschrieben wurden.

Ganz gleich, ob er betrübte oder fröhliche Musik schrieb, Bach erzählt uns nie etwas von seiner eigenen Traurigkeit oder seiner eigenen Fröhlichkeit, es ist eher so, als beobachte ein weiser Vater seine Kinder von oben, während sie unten ihr trauriges oder glückliches Leben führen. Für den tiefgläubigen Bach waren Musik und Glaube beinahe dasselbe, und Musikmachen war für ihn ein Weg, Gott zu ehren. Alle seine Werke waren, wie Bach es ausdrückte, »der Ehre Gottes und der Erholung des Gemüts« gewidmet. Das klingt vielleicht Furcht einflössend – ist es aber nicht! Seine Musik ist nie pompös; sie pulsiert mit Energie, Humor, Leidenschaft und Schönheit. Und vor allem bringt sie einen dazu, sich am Leben zu freuen!

Was könntest du hören?

Bei Bach kannst du eigentlich keinen Fehlgriff machen, so etwas wie ein schlechtes Stück gibt es bei ihm nicht. Vielleicht beginnst du am besten mit Musik, die Spaß macht, wie den *Brandenburgischen Konzerten* – vielleicht Nummer drei. Wenn du Lust hast, dazu zu tanzen – nur zu! Dann könntest du es einmal mit den *Goldberg-Variationen* für Cembalo (wird heutzutage oft auf dem Klavier gespielt) versuchen. Diese dreißig Variationen über ein wunderschönes Thema wurden angeblich von Bach als Geschenk für einen Adligen, einen Grafen, geschrieben, der Schwierigkeiten mit dem Schlafen hatte. Wenn er mitten in der Nacht aufwachte, weckte er einen sehr jungen (und wahrscheinlich sehr müden) Cembalisten namens Goldberg, der bei ihm angestellt war, und beauftragte ihn, einige der Variationen zu spielen. Die *Goldberg-Variationen* verfügen über eine reichhaltige Palette an Stimmungen und Farben; wenn du magst, kannst du es halten wie der schlaflose Graf und bloß eine oder zwei aufs Mal hören. Und so weiter – es gibt so viele Meisterwerke, dass du nicht wirklich einen Fehler machen kannst –, achte einfach auf den Namen J. S. Bach auf der Hülle! Falls ich jedoch nur ein Werk nennen dürfte, ich glaube, ich würde die *Matthäus-Passion* wählen. Da sie so lang ist, schlage ich vor, dass du sie zunächst in kleinen Happen hörst; lerne sie mithilfe einer Aufnahme nach und nach kennen. Wenn du dich schließlich bereit fühlst, so lange stillzusitzen und das Ganze in einem Stück zu hören, geh doch an eine Aufführung; es könnte ein überwältigendes Erlebnis werden. Und je öfter du sie hörst, desto mehr hast du davon.

Fakten und Anekdoten

Bachs Vater, Johann Ambrosius, war – welche Überraschung – ein Musiker. Er arbeitete als Stadtpfeifer in Eisenach, wo Bach am 21. März 1685 geboren wurde. Beim Antritt seines Postens, 14 Jahre zuvor, feierte J. A. Bach einen großen Erfolg, als er ein Konzert mit Orgel, Geigen, Gesang, Trompeten und Militärtrommeln inszenierte – was für ein Getöse! Man kann deshalb mit gutem Grund annehmen, dass unser Bach in einer ziemlich lärmigen Umgebung aufwuchs. Leider starb seine Mutter, Maria Elisabeth, als Bach erst 9 Jahre alt war. Sein Vater heiratete bereits knapp 7 Monate später noch einmal; im wahren Bachstil vermählte er sich mit der Witwe eines seiner Cousins. Vielleicht war für ihn die zweite Ehe des Guten zu viel, denn innerhalb von 4 Monaten war Johann Ambrosius tot. Seine trauernde Witwe schrieb der Stadtbehörde von Eisenach und bat um Unterstützung, da es in der Familie Bach kein Musiktalent mehr gäbe. Was nicht GANZ stimmte …

Wie ein Ei dem andern …

Johann Ambrosius hatte einen Zwillingsbruder namens Johann Christoph. Es wurde erzählt, dass die Brüder alles genau gleich machten – sie musizierten auf dieselbe Art, wurden zu derselben Zeit krank, sprachen und dachten genau gleich. Die Leute sagten sogar, sie glichen sich so sehr, dass ihre Ehefrauen sie nicht auseinanderhalten konnten!

—

Der noch nicht 10 Jahre alte Johann Sebastian Bach war jetzt eine Waise. Sein ältester Bruder Johann Christoph (ja, ich weiß, das ist auch der Name seines Onkels – aber mach mir keine Vorwürfe deswegen, ich kann nichts dafür!) war Organist und wohnte in der Nähe, und so wurden der kleine Bach und ein weiterer Bruder, Jacob, zu ihm geschickt. Kannst du dir vorstellen, von einem älteren Bruder erzogen zu werden? Das ist sicher ein merkwürdiges Gefühl. Doch Johann Christoph war immerhin 14 Jahre älter und wirkte vielleicht eher wie ein junger Vater.

Mitternächtlicher Besuch …

Johann Christoph unterrichtete Bach selbst, natürlich auch in Sachen Musik. Doch dem Bruder gefiel nicht, dass Bach am Cembalo so schnelle Fortschritte machte. Johann Sebastian langweilte sich bald einmal mit den Schülerstücken, die er einstudieren sollte, und bat darum, einen Band mit Werken für Erwachsene, den Johann Christoph besaß, ansehen zu dürfen. Als ihm diese Bitte abgeschlagen wurde, begann er mitten in der Nacht aufzustehen, um den Band heimlich aus dem Schrank zu holen und ihn bei Mondlicht abzuschreiben. (Er durfte nachts keine Kerze benutzen. Ich frage mich, was geschah, wenn er aufs Klo musste?) Für das Abschreiben brauchte er 6 Monate – doch sobald er damit fertig war, fand sein Bruder es heraus und schloss beide Exemplare für immer weg. Spielverderber.

—

Bach wurde schließlich in die Schule geschickt und entpuppte sich als guter Schüler. Er konnte einen Teil des Schulgeldes selbst bezahlen, indem er reichen Söhnen in Latein Nachhilfe gab und im Chor sang – seine ersten Erfahrungen als Berufsmusiker.

Ein Problem taucht auf …

Als Junge hatte Bach eine gute Singstimme; doch eines Tages öffnete er den Mund, um etwas zu sagen – und er redete plötzlich zweistimmig! Da war zwar noch seine alte hohe Stimme, aber zusätzlich eine tiefe Stimme. Während der nächsten acht Tage war jedes Mal, wenn er etwas sagte oder sang, diese seltsame Doppelstimme hörbar. Danach gewann die tiefere Stimme die Oberhand, und Bach hatte seine schöne Jungenstimme verloren – und damit auch seinen Platz im Chor.

—

Als Bach heranwuchs, begann ihn die Musik immer mehr zu faszinieren, und er konnte nicht genug davon bekommen. Natürlich gab es damals noch keine Schallplatten, und wenn er einen berühmten Organisten oder Cembalisten hören wollte, musste er herausfinden, wo dieser spielte, und irgendwie dorthin gelangen. Als er jung war, konnte er sich eine Kutsche oft gar nicht leisten; einmal wanderte er 400 Kilometer – die weiteste Distanz, die er in seinem Leben zu Fuß zurücklegte –, um einen berühmten Organisten zu hören – puh! Kannst du dir vorstellen, so etwas zu tun? Ich hoffe, der Organist war es wert!

Eine Gunst des Schicksals …

Auf dem Heimweg von einem seiner Konzertausflüge ging Bach das Geld aus – und er war noch nicht einmal auf halbem Weg zu Hause. Er kam an einem Gasthof vorbei und roch das Essen – welche Qual! Plötzlich hörte er, wie jemand ein Fenster öffnete, und beobachtete, dass ein paar Heringköpfe herausgeworfen wurden. Für uns mag das ekelerregend klingen, doch für den ausgehungerten Bach sahen sie lecker aus. Er las sie auf, brach sie entzwei – und fand in jedem eine Goldmünze! War das nur ein ungewöhnlicher Glücksfall, oder hatte eine unbekannte Person ihn gesehen und Mitleid mit ihm gehabt? Wir werden es nie erfahren.

—

Seit seinem 18. Lebensjahr verdiente sich Bach seinen Lebensunterhalt selbst, dank verschiedenen Anstellungen in den Städten unweit seines Geburtsorts. Sie waren ihm sehr willkommen, nicht nur wegen des Einkommens, sondern auch weil sie ihm Gelegenheit boten, sich musikalisch zu entwickeln – Dinge auszuprobieren, unterschiedliche Arten von Musik für unterschiedliche Gelegenheiten zu komponieren und mit anderen Musikern zu spielen. Doch manchmal muss er auch frustriert gewesen sein: Die langweiligen alten Ratsherren jener Städte schalten ihn ständig oder beachteten ihn gar nicht. An einem Ort bekam er einen Verweis, weil er sich ohne Erlaubnis zu lange freigenommen hatte (er war unterwegs gewesen, um sich das Spiel eines anderen Organisten anzuhören); dann wurde er ausgeschimpft, weil er in den Gottesdiensten zu lange spielte; dann wurde er getadelt, weil er in den Gottesdiensten nicht lange genug spielte, und dann wurde er gescholten, weil er eine Frau auf die Chorempore eingeladen und dort mit ihr »Musik gemacht« hatte! Hmm. Im nächsten Ort meinten drei der Ratsherren, die einen Brief hätten unterschreiben sollen, in dem man Bach eine Stelle anbot, sie seien viel zu aufgewühlt wegen des kürzlichen Feuers in der Stadt, um über etwas so Unbedeutendes wie Musik nachzudenken – und außerdem hätten sie weder Feder noch Tinte bei sich! Und in der nächsten Stadt wurde Bach, als er seinen Vorgesetzten mitteilte, er würde kündigen, um eine bessere Stelle anzunehmen, für einen Monat ins Gefängnis geworfen. Natürlich nutzte er, typisch Bach, die Zeit fürs Komponieren. Doch da er weder Papier noch Schreibzeug verwenden durfte, musste alles im Kopf ausgeführt werden, und er konnte es erst niederschreiben, als er nach Hause kam – welch unglaublich gutes Gedächtnis er doch gehabt haben muss.

Als er Anfang 30 war …

… war Bach als brillanter Organist und Cembalist berühmt. Wie es heute etwa bei Pop- oder Jazz-Musikern der Fall ist, wurde damals von den Künstlern erwartet, dass sie ihre eigenen Kompositionen aufführten, entweder indem sie die Musik aus dem Stegreif spielten oder sie für sich selbst und andere vorher niederschrieben. Sein Ruf war bis in die Großstadt Dresden gelangt, wo ein französischer Organist und Cembalist namens Marchand großen Erfolg hatte. Man beschloss, einen musikalischen Wettstreit zwischen Bach und Marchand zu veranstalten, und so wurde Bach nach Dresden gerufen. Bach wartete mit einigen Sachverständigen auf Marchand – doch dieser tauchte nie auf. Es stellte sich heraus, dass Marchand in Panik geraten war, als ihm klar wurde, dass er tatsächlich gegen den berühmten Bach spielen sollte. Er hatte eine Spezialkutsche angefordert und sich zurück nach Frankreich fahren lassen, so schnell ihn die acht Beine der Pferde fortbringen konnten!

—

Während der letzten 27 Jahre seines Lebens wohnte und arbeitete Bach in Leipzig. Heute wird die Stadt jedes Jahr von Tausenden von »Bach-Touristen« besucht, die unbedingt jene Orte sehen wollen, wo ihr Idol einige seiner größten Werke uraufgeführt hat. Sie können die Kirchen sehen, in denen rund 2000 Gemeindeglieder vermutlich über die Musik staunten, die von der Chorempore erklang; es gab eine Zeit, da produzierte Bach jede Woche eine neue Kantate (ein großes Stück für Sänger und Orchester) – die meisten Komponisten hätten dafür Monate gebraucht! Die Schule, wo er wohnte und lehrte, oder das Kaffeehaus, wo er mit seinen Musikern seine berühmten wöchentlichen Konzerte gab, können sie leider nicht sehen – diese Gebäude gibt es schon lange nicht mehr. (Nur die Eingangstüre der Schule ist erhalten geblieben und kann in einem örtlichen Museum besichtigt werden.) Sogar jene Gebäude, die erhalten geblieben sind, haben sich seit Bachs Zeiten mächtig verändert; doch vielleicht ist sein Geist immer noch dort und schwebt mit einer gespenstischen Perücke auf dem Kopf umher?

Natürlich …

… kam Bach mit den Behörden in Leipzig nicht besonders gut zurecht (welche Überraschung). Er ärgerte sich immer über irgendetwas – entweder aus gutem musikalischen Grund oder aus einem ein klein bisschen weniger guten Grund, fast immer im Zusammenhang mit Geld. In einem Brief ist er beispielsweise sehr verärgert, weil ein Leipziger außerhalb der Stadt geheiratet hatte – laut Bach nur, um zu verhindern, für die Hochzeitsmusik bezahlen zu müssen; in einem anderen Brief beklagt er sich, dass in jenem Jahr ein viel zu gesunder Wind in der Stadt geweht hatte und er deshalb kein Zusatzgeld für Beerdigungen verdienen konnte! Hmm …

—

Gegen Ende seines Lebens ging Bach eines Tages nach Berlin, um einen seiner Söhne zu besuchen, der damals Musiker am Hof des berühmten Königs Friedrich des Großen war. Es wurde dem König mitgeteilt, dass Bach angekommen sei. »Meine Herren!«, verkündete er seinen Höflingen aufgeregt, »der alte Bach ist da!« Bach wurde sofort in ein Zimmer befördert – was ihm eher peinlich war, da er immer noch seine Reisekleidung trug –, und es wurde ihm befohlen, auf den Klavieren des Königs zu spielen. (Das Klavier wurde damals gerade entwickelt, und der König war von diesem neumodischen Instrument sehr begeistert – sogar begeisterter als Bach.) Bach spielte – natürlich brillant; und während alle nach Luft schnappten und ihnen die Sinne schwanden, übertraf Bach noch alles, indem er den König bat, sich eine Melodie auszudenken, um die herum Bach dann ein ganzes Stück erfand. (Bach musste nur irgendeine Melodie hören und wusste sofort, was er oder jemand anders damit machen konnte. Wenn er sich ein neues Stück eines anderen Komponisten anhörte, wandte er sich nach nur wenigen Momenten zu seinem Sitznachbar um und flüsterte ihm genau das zu, was während des Stücks noch kommen würde. Lag er damit richtig – was immer der Fall war –, so stupste er seinen Nachbarn in einer »Ich wusste es doch«-Manier an; armer Nachbar!) Nicht nur spielte Bach – basierend auf dem königlichen Motiv – sofort ein ganzes Stück, sondern er komponierte, als er zurück in Leipzig war, ein riesiges Werk, das viele verschiedene Stücke enthält, die alle auf dem königlichen Thema beruhen, und veröffentlichte es unter dem höflichen Titel *Das musikalische Opfer*. Friedrich der Große hätte eigentlich hin und weg sein sollen vor Freude! Vielleicht war er es ja auch – doch er hatte eine seltsame Art, es zu zeigen; er gab die Noten sofort an seine Schwester weiter, die übrigens eine Schülerin von Bach war. Ziemlich merkwürdig, finde ich, ein kostbares Geschenk so zu behandeln.

Der Flüstersaal …

Während Bachs Aufenthalt in Berlin nahm ihn sein Sohn mit ins neue Opernhaus. Ein herausragendes Merkmal des Gebäudes war ein riesiger Speisesaal: Im Moment, als Bach ihn betrat, machte er auf etwas aufmerksam, was niemand, nicht einmal die Architekten, die ihn gebaut hatten, bemerkt hatten. Er behauptete: Wenn jemand in eine Ecke des riesigen Raumes ginge und leise etwas flüstere, so würde eine Person, die in der gegenüberliegenden Ecke des Raumes mit dem Gesicht zur Wand stünde, alles ganz deutlich hören – während in der Mitte des Saales niemand etwas hören würde. Bach hatte recht – natürlich, wie immer!

—

Auch im hohen Alter (für jene Tage, als die Leute meistens viel jünger starben) blieb Bachs allgemeiner Gesundheitszustand zwar gut, und sein Kopf war so aktiv wie eh und je, doch er begann zu erblinden. Als der nette Rat der Stadt Leipzig begriff, dass er endlich den Mann loswerden konnte, der ständig für Ärger sorgte, ließ er unverzüglich einen eher mittelmäßigen Musiker eine Eintrittsprüfung ablegen, und zwar für die Stelle als Nachfolger von Bach, der noch gar nicht gestorben war! Bach war wütend: Da rang er um gesundheitliche Besserung, war immer noch voller musikalischer Projekte – und der Rat heckte bereits einen Plan aus, um ihn zu ersetzen! Sein Zustand besserte sich etwas – vielleicht nur, um sie zu ärgern –, aber leider nicht für lange, und Bach musste sich schließlich einer Augenoperation unterziehen. Ausgeführt wurde sie von einem Engländer, Dr. Taylor, der später schrieb, dass er »eine große Vielfalt von einzelnen Tieren, wie Dromedaren, Kamelen etc. und … einen gefeierten Meister der Musik« behandelt habe. Eine eigenartige Aufzählung! Wie erfolgreich er mit seinen Kamelen und Dromedaren auch gewesen sein mag, bei Bach versagte er; Bach starb am 28. Juli 1750 im Alter von 66 Jahren. Zum Zeitpunkt seines Todes war er in seinem Teil von Deutschland berühmt, doch andernorts nicht wirklich bekannt. Erst langsam, im Verlauf der nächsten 50 Jahre oder so, begannen die Leute die Musik, die er hinterlassen hatte, genauer zu betrachten, und begriffen allmählich, dass er eines der größten Genies gewesen war, die je gelebt hatten.

Doch vor seinem Tod …

Eines von Bachs letzten großen Werken heißt *Die Kunst der Fuge*. Eine Fuge ist ein Musikstück, und alles, was dort passiert, ist die wiederholte Verwendung eines ziemlich kurzen Themas oder einer Reihe von Tönen auf viele verschiedene Arten. Für einen Komponisten ist das angeblich die schwierigste Art Musik, möchte er sie gut und interessant schreiben. Keine neuen, völlig anders klingenden Themen sind erlaubt – nur das eine Thema, das oft nicht einmal eine richtige Melodie ist; es ist wohl mit dem Schreiben eines Theaterstücks vergleichbar, bei dem die Handlung nur darin besteht, dass alle Figuren einen einzigen Einfall behandeln. Aber *Die Kunst der Fuge* ist fantastisch. Sie besteht aus 18 verschiedenen Sätzen, die alle auf demselben kurzen Thema beruhen. Einige der Sätze können rückwärts oder auf den Kopf gestellt gespielt werden! Leider ist die Fassung, die wir haben, nicht komplett: wahrscheinlich wurde sie vollendet, doch das Manuskript, das überlebt hat, bricht in der Mitte der letzten Fuge ab; vielleicht hat ihn beim Abschreiben seine Gesundheit im Stich gelassen, und er musste damit aufhören. Die komplette Fassung ist vermutlich für immer verloren. (Mehrere Personen haben mit unterschiedlichem Erfolg versucht, diese letzte Fuge zu vollenden; doch wenn sie in einem Konzert gespielt wird, brechen die Musiker gewöhnlich mitten in einer Phrase ab – wie es das Manuskript auch tut.) Als Bach im Sterben lag, soll er der Legende nach eine neue Fassung eines früher geschriebenen Orgelstückes komponiert und es einem Freund oder Schüler diktiert haben. Es basiert auf einem alten Choral, dessen erste Zeile folgendermaßen lautet: »Vor deinen Thron tret' ich hiermit«; sie verdeutlicht, dass Bach, dessen Kopf wie eh und je voller Musik (und Religion) war, bereit war, in Frieden zu sterben.

—

Von Bachs 10 Kindern, die die Kindheit überlebten, war eines bereits tot, ein Sohn, der in alle möglichen Schwierigkeiten geraten und seinem Vater große Sorgen bereitet hatte; drei waren ledige Töchter, die Anna Magdalena bis zu ihrem Tod, 10 Jahre nach Bach, in Leipzig Gesellschaft leisteten. Eine weitere Tochter war mit einem von Bachs Lieblingsschülern verheiratet und kümmerte sich um einen weiteren Sohn Bachs, der ständig Pflege benötigte; und die restlichen 4 Söhne wurden alle Komponisten: Der älteste, Wilhelm Friedemann Bach, war der talentierteste, verkorkste jedoch sein Leben auf tragische Art und Weise; Carl Philipp Emanuel Bach war verantwortungsbewusster, heiratete eine reiche Frau – immer hilfreich! – und wurde berühmt, seine Werke werden heute noch sehr oft gespielt. Johann Christian Bach zog nach London, verdiente viel Geld mit seiner Musik und war ein Schelm, und Johann Christoph Friedrich Bach, wenn auch der uninteressanteste Komponist dieser vier, war als ausgesprochen nette, liebenswürdige Persönlichkeit bekannt.

Nach seinem Tod …

… erhielten Bachs Söhne die meisten Manuskripte seiner Werke; eigentlich hätten sie die Kostbarkeit, die sie erbten, schätzen müssen, doch der größte Teil von Bachs Musik ist seither verloren gegangen. W. F. Bach verkaufte seinen Anteil, als ihm das Geld ausging – der größte Teil zum Glück, jedoch leider nicht alles, an C. P. E. Bach; J. C. F. Bachs Anteil verschwand ebenfalls irgendwie – vielleicht war er so liebenswürdig, dass er alles verschenkt hatte! C. P. E. Bach war der Einzige, der sich wirklich um seinen Stoß Manuskripte kümmerte. Er kaufte immer dazu, wenn sich die Gelegenheit bot, und verdiente ziemlich viel Geld,

indem er sie veröffentlichte, während J. C. Bach, der von seinem
Vater viele Instrumente geerbt hat und vielleicht deshalb nicht
so viele Noten, sich des Genies seines Vaters vermutlich nicht
bewusst war. Er nannte Bach »die alte Perücke«; alte Perücke,
also wirklich – so eine Frechheit! Na ja – er war der jüngste und
der modebewussteste – vielleicht wurde er nie wirklich erwachsen; aber wahrscheinlich hätte ihn sein Vater deswegen nicht
weniger geliebt …

WOLFGANG AMADEUS MOZART
(1756–1791)

Hast du jemals einen Gepard oder einen Jaguar (das Tier, nicht das Auto) rennen sehen? Sie sind einfach unglaublich; sie rennen so schnell, so anmutig – und so leichtfüßig. Was würden sie wohl denken, sähen sie einen Menschen, der versuchte, mit ihnen Schritt zu halten? Ich kann mir vorstellen, dass sie sich, falls nicht gerade vom Gedanken abgelenkt, wie lecker diese Person mit Antilopensalat schmecken würde, vermutlich fragen, weshalb der Mensch so langsam und schwerfällig ist und weshalb alles so linkisch aussieht.

Was die Musik betrifft, so war Mozart ein bisschen wie ein Gepard oder ein Jaguar. Für ihn war Musik gar nichts Schwieriges! Er lernte Musik zu verstehen, als er lernte, Sprache zu verstehen; für ihn war es einfach eine andere Sprache. Musik war ein Teil von ihm, und er brauchte sie, wie ein Tier Futter braucht. Als Kind stürzte sich Mozart – dessen Vorname Wolfgang lautet – auf jedes neue Stück. Mit 4 Jahren fing er an, kleine Stücke auf dem Klavier oder auf dem Cembalo zu spielen, und beherrschte sie nach einer halben Stunde perfekt. Mit 5 begann er mit Komponieren, und kurz darauf wurde er ein brillanter Organist, ein ausgezeichneter Geiger und ein fähiger Sänger. (Mit seiner ziemlich wackeligen, dünnen und leisen Stimme sang er zusammen mit seinem Vater Leopold Duette – und reagierte sehr aufgebracht, wenn sein Vater einen Fehler machte.) Mit 12 Jahren komponierte er seine erste Oper und galt zu diesem Zeitpunkt bereits als guter Dirigent. Es muss komisch ausgesehen haben, wenn dieser kleine Junge mit ernster Miene ein Orchester mit Berufsmusikern dirigierte, die drei- oder viermal so alt waren wie er. Doch er hat es geschafft – weil alle merkten, dass er ein absolutes Wunder ist.

Zudem war er einfach niedlich; dank seines sanften Gemüts und seiner aufgeweckten, lebenslustigen Art war es unmöglich, ihn nicht zu mögen. Sein Gesicht zeichnete sich durch hübsche, regelmäßige Züge mit einem gewinnenden, vornehmen Ausdruck aus; und um den tollen Eindruck, den er auf alle machte, zu vervollständigen, putzte er sich für besondere Gelegenheiten mit den schönsten Kleidern (natürlich in seiner Größe) und mit einer passenden prachtvollen Lockenperücke heraus.

Trotz seines mondänen Charmes glich Mozart in verschiedener Hinsicht einem Tier: Sein Verstand glänzte wie die Augen eines Hamsters, er war so verspielt wie ein Kätzchen und so anschmiegsam wie ein junger Hund. Er brauchte ständig eine Bestätigung, dass die Leute um ihn herum ihn gernhatten (und das hatten sie alle); und er verliebte sich schon als Jugendlicher ständig in schöne Damen. Einmal entbrannten bei ihm Gefühle für Marie-Antoinette (spätere Königin von Frankreich, die noch viel später ihren Kopf verlor oder ihn zumindest verlegte – sehr nachlässig von ihr), und er teilte ihr sehr zu ihrer Erheiterung mit, dass er sie würde heiraten wollen. Als er ein bisschen älter war, entwickelte dieses kleine Tier einen ebenfalls sehr tierischen Sinn für Humor. Mozart konnte wirklich sehr komisch sein, aber auch äußerst unappetitlich. Von den Geschehnissen im Badezimmer war er wie besessen und den damit verbundenen Gerüchen (genauso wie seine Eltern); er schrieb – nun ja, genug. Du kannst dir den Rest selbst ausdenken …

Gut – genug gedacht! Zurück zum unschuldigen Kind: Mozart war offensichtlich solch ein Genie, dass Papa Leopold (ein Geiger, Komponist und Musiklehrer) fand, die Welt müsse unbedingt Wolfgang, zusammen mit seiner Schwester Maria Anna (genannt Nannerl), am Klavier oder am Cembalo hören. Sie sagten ihrer Heimatstadt Salzburg, wo sich die Familie Mozart gefangen fühlte – es war eine kleine Stadt, mit sehr beschränkten

Möglichkeiten für junge Wunder –, nicht gerade traurig Lebewohl und nahmen eine riesige Zahl von Tourneen durch die großen Städte Europas in Angriff. (Das ist übrigens toll für uns, denn Leopold schrieb seinen Freunden in Salzburg lange Briefe, worin er mit den Triumphen von Wolfgang und Nannerl prahlte; diese Briefe, und spätere innerhalb der Familie, geben detailliert Auskunft über Mozarts Leben – all dies wird heute von »Mozart-Forschern« in der ganzen Welt studiert, analysiert, zerlegt, verkehrt herum hochgehalten und von hinten nach vorne gelesen usw.) Die Kinder gaben überall Konzerte – Nannerl begann gewöhnlich mit schwierigen Stücken, die es brillant spielte, doch dann stahl sein kleiner Bruder ihm die Schau (armes Nannerl). Er spielte nicht nur genau gleich schwierige Werke – sogar wenn er sie noch nie zuvor gesehen hatte – und Duette zusammen mit seiner Schwester auf derselben Tastatur (damals etwas Neues), sondern er erfand an Ort und Stelle lange Musikstücke, die auf Melodien beruhten, die ihm jemand aus dem Publikum vorgeschlagen hatte. Doch die Leute glaubten nicht, dass er alles wirklich ohne Vorbereitung zustande brachte, und versuchten ihn beim Schummeln zu ertappen – sie legten ein Tuch über die Tastatur (etwas Sonderbares, aber sie machten es trotzdem), lächelten einander wissend zu und warteten darauf, dass der kleine Wolfgang sich blamierte. Es gelang ihnen nicht – er spielte genauso unglaublich wie zuvor. Dann anerbot sich jemand, ein schwieriges Lied zu singen, entschuldigte sich jedoch dafür, dass er die Noten zu Hause vergessen hatte – und blinzelte vermutlich die ganze Zeit über den restlichen Anwesenden zu. Kein Problem – Wolfgang hörte sich das Lied einmal an und dachte sich verschiedene wunderschöne Begleitungen aus, wahrscheinlich viel bessere als die Originalversion des Komponisten. Das Publikum betete ihn natürlich an – umso mehr, da ihn übertriebenes Lob aus der Fassung brachte und ihn in Tränen ausbrechen ließ.

In mancher Hinsicht war das alles großartig; doch es gab Rückschläge. So wurde Mozart häufig wie ein abgerichtetes Tier behandelt – das war falsch, auch wenn er einem Tier ähnlich war. Obschon ein musikalisches Phänomen, war er doch immer noch ein Kind – leider ohne normale Kindheit. Seine Gesundheit litt unter der ständigen Reiserei. Die Fahrten in Pferdekutschen dauerten unendlich lange und waren gewöhnlich sehr ungemütlich; Mozart musste sich manchmal mit den Händen für Stunden in die Höhe stemmen, nur damit sein Hintern vom vielen Rumpeln nicht noch mehr blaue Flecken abbekam! Seine musikalische Arbeit war ebenfalls anstrengend, auch wenn sie ihm Spaß machte; zu jeder Tages- oder Nachtzeit war er wach, um zu komponieren oder vorzuspielen. Seine gesundheitlichen Probleme in späteren Jahren stammten wahrscheinlich von seinem ungesunden Lebensstil. Und am allerschlimmsten war – zumindest in Leopolds Augen –, dass die Mozarts, trotz aller Anerkennung und Verehrung, gar nicht so viel verdienten. Somit war das Leben in vielerlei Hinsicht hart; und so herrlich es sein mochte, ein geborenes Genie zu sein, Mozarts Leben hätte einfacher sein können, wäre er ganz normal gewesen. Doch unseres wäre es nicht, denn wir besäßen nicht seine Musik …

Also, das war Mozart das Kind; am besten ziehst du nun deinen Sitzgurt ganz fest an, denn wir werden jetzt eine Zeitreise unternehmen. Bist du angeschnallt? Gut – jetzt ÜBERSPRINGEN wir mehrere Jahre … Und wer ist dieser elegante Mann, den wir vor uns sehen? Es ist Mozart – welch ein Zufall! Er ist jetzt in Wien, der großartigen Hauptstadt von Österreich. Allerdings brauchte er mehrere Jahre – bis er 25 war, um genau zu sein –, um sich von Salzburg und dem kleingeistigen Tratsch zu befreien. Eigentlich hat er ihn nur gegen den ebenso kleingeistigen Tratsch von Wien eingetauscht – aber es gab in Wien zumindest viel mehr Leute, mit denen man tratschen konnte, und sie tratschten viel witziger und anspruchsvoller. In Wien Karriere zu machen war ein ziemlicher Kampf, doch er mochte es lieber als Salzburg. In Salzburg stand er im Dienst des Erzbischofs, der ihn wie einen Diener behandelte und ihm einen Hungerlohn bezahlte; er hatte sich danach gesehnt, einen Abgang zu machen, doch er konnte nicht. Als Mozart dann als Opernkomponist international ziemlich berühmt geworden war und kurz zuvor in München einen großen Erfolg hatte feiern können, unternahm der Erzbischof eine offizielle Reise nach Wien und forderte Mozart auf, ihn als Mitglied seines Hofstaats zu begleiten. Mozart, der gar nicht mitgehen wollte, musste seine Mahlzeiten mit den Kammerdienern und Köchen einnehmen und durfte keine Konzerte für andere wichtige Leute geben (die ihm ein ganz hübsches Sümmchen dafür gezahlt hätten). Letztendlich beschwerte sich Mozart und sagte dem Erzbischof, was er von ihm hielte, und dieser gab ihm seine schlechte Meinung von ihm mit Zinseszinsen zurück (in Worten, die für einen kirchlichen Würdenträger ziemlich unschicklich waren). Danach wurde er von der rechten Hand des Erzbischofs mit einem mächtigen Tritt in den Hintern buchstäblich rausgeschmissen! Hmm … eine ziemlich unglamouröse Art, eine Karriere zu beginnen, doch es funktionierte. Befreit von den Salzburger Fesseln, brauchte Mozart nicht lange, um sehr berühmt zu werden und massenweise Konzerte zu geben, an denen er mit heiterer Brillanz seine eigene Klaviermusik spielte und seine überwältigenden neuen Orchesterwerke dirigierte; er schrieb auch noch mehr Opern und Kammermusik und wurde von vielen als der beste lebende Musiker anerkannt. (Sogar Joseph Haydn, der andere großartigste Komponist dieser Zeit, erklärte Leopold, als er diesen einmal traf, er hielte dessen Sohn für den großartigsten und hervorragendsten Komponisten, den er jemals gehört habe; ein schönes Kompliment von einem anderen Genius.)

Als Erwachsener Ende 20 ist der Mozart, den wir jetzt sehen, ganz anders als das niedliche Kind. Er ist immer noch klein – wenn auch nicht mehr so klein –, mit einem ziemlich großen Kopf und blatternarbiger Haut, was von den Pocken herrührt, die er als 11-Jähriger hatte. Statt einer Perücke trägt er sein eigenes Haar, gepudert und sorgfältig frisiert – worauf er mächtig stolz ist. (Egal, wie voll Mozarts Terminkalender auch war, er ließ sich jeden Tag, der gewöhnlich um 6 in der Früh begann – du liebes bisschen – von seinem Friseur die Haare zurechtmachen. Doch zeitweilig vergaß er, dass er sie sich machen ließ, weil ihm eine neue musikalische Idee in den Sinn gekommen war; er stand auf und notierte die Idee – und zog dabei den armen Friseur, der immer noch Mozarts Haarsträhnen in Händen hielt, hinter sich her.) Wir müssten nun eigentlich auch seine Frau Constanze treffen: Mit 26 Jahren hatte Mozart die 20-jährige Sängerin Constanze Weber geheiratet. Zuvor hatte sich Mozart in Constanzes ältere Schwester Aloysia verliebt – sehr zum Missfallen von Leopold, dem die ganze Familie Weber suspekt war. Mehrere Jahre nachdem ihn Aloysia abgewiesen und ihm das Herz gebrochen hatte, ließ sich Mozart, das Herz auf geheimnisvolle Weise gekittet, mit ihrer jüngeren Schwester ein – zu diesem Zeitpunkt schäumte Leopold beinahe vor Wut. Mozart lobte seinem Vater gegenüber Constanze in den höchsten Tönen, versicherte ihm, dass sie zwar nicht hübsch sei, aber ein Herz aus Gold hätte und ihm helfen würde, wirtschaftlich zu leben. (Nicht wirklich eine romantische Beschreibung, doch er wusste, was seinen unendlich argwöhnischen Vater beeindrucken würde.) Es reichte allerdings nicht; weder Leopold noch Nannerl konnten sich jemals für Constanze erwärmen. Doch es gelang ihnen nicht, die Hochzeit zu verhindern – ihr Argwohn ärgerte Mozart, denn er stand seinem Vater und seiner Schwester danach nicht mehr so nahe. Wolfgang und Constanze scheinen sehr glücklich miteinander gewesen zu sein – abgesehen vom einen oder andern Mal, als Mozart Constanze beim Flirten mit andern Männern erwischte, was ihn jeweils sehr erzürnte; doch vielleicht wollte sie nur sichergehen, dass er sie zu schätzen wusste …

In mancherlei Hinsicht hatte Leopold recht, argwöhnisch zu sein; es trifft zu, dass Mozart in Geldangelegenheiten nie wirklich Oberwasser gewann – und Constanze war ihm dabei keine große Hilfe. Obwohl er viel verdiente – zumindest zu einem gewissen Zeitpunkt –, konnte Mozart nie Geld auf die Seite legen. Teils deshalb, weil er sich unbedingt vergnügen wollte! Er gab in seinen Wohnungen teure Bälle, kaufte ein Pferd und besaß einen riesigen Billardtisch (er liebte Billard und war ein recht guter Spieler). Zudem kleidete er sich in die farbigsten und modischsten (und deshalb teuersten) Gewänder, die er auftreiben konnte. Constanzes Gesundheit war ebenfalls wie ein Fass ohne Boden; Mozart musste sie in kostspielige Kuren schicken, die er sich eigentlich nicht leisten konnte. Teils deshalb, weil sie fast immer schwanger war – 6 Mal in 8 Jahren; doch es überlebten nur 2 Jungen. (Die Mozarts, das muss gesagt sein, waren ziemlich seltsame Eltern; als ihr erstgeborener Sohn gerade erst ein paar Wochen alt war, reisten Wolfgang und Constanze nach Salzburg, um Leopold und Nannerl zu besuchen, und ließen den Säugling in der Obhut einer Amme zurück. Sie blieben 3 Monate in Salzburg, und als sie wieder nach Wien zurückkehrten, war der arme Kleine bereits gestorben! Doch vielleicht war dies in jenen Tagen normal – oder zumindest bei den Mozarts. Als Nannerl verheiratet war, gebar sie einen Sohn und gab ihn danach sofort weg; er lebte dann für die nächsten 2 Jahre beim schwer geprüften Leopold. Doch egal, ob dies normal ist oder nicht, es scheint eine ziemlich fürchterliche Art zu sein, mit einem Kind umzugehen.)

Mozarts Wohnung muss ein sehr lebhafter Ort gewesen sein – und äußerst überfüllt. Außer den Mozarts – mit all ihrer Musik – lebten oftmals auch Schüler von Mozart bei ihrem Meister; dann saßen Kopisten herum und schrieben eifrig Teile aus Mozarts neuesten Kompositionen ab; und als Krönung lud der freundliche Wolfgang ständig Besuch ein. Waren die Gäste jedoch da, war er oft zu geistesabwesend, um mit ihnen sprechen zu können; zu Tisch spielte er ständig mit seiner Serviette oder ging im Raum auf und ab, während er in seinem Kopf etwas komponierte, und nahm gar nicht wahr, was um ihn herum vor sich ging.

Später, wenn seine Freunde gegangen waren, setzte er sich hin (oder stand auf – er hatte sich ein Stehpult anfertigen lassen, sodass er nicht sein gesamtes Leben lang vornübergebeugt sitzend verbringen musste, während er schrieb), ein Glas Wein oder Bowle neben sich; und er ließ sich von seiner Frau alles erzählen, was an diesem Abend gesagt worden war, während seine Hände, die scheinbar ziemlich unabhängig von seinem Gehirn funktionierten, die herrliche Musik aufschrieben, die er zuvor in seinem Kopf geschaffen hatte.

Nun lassen wir Mozart eifrig weiterkritzeln und unternehmen eine weitere (kürzere) Zeitreise; doch sei vorgewarnt – wir gehen an einen tristen Ort. Falls du nicht gern traurig bist, so musst du diesen Teil der Reise nicht mitmachen; doch möchtest du Mozarts tragisches Schicksal kennenlernen, dann schließ jetzt deine Sitzgurte …

All seine Arbeit und seine Geldsorgen hatten Auswirkungen auf Mozarts Gesundheit. Obwohl er seinen Freunden – und natürlich besonders Constanze – wie immer sehr zugetan war, so verspielt und kindisch wie immer sein konnte und wie verrückt miaute und herumhüpfte, wurde seine grundsätzlich glückliche Natur langsam unterhöhlt; in seinem Innern, so wird vermutet, wurde er immer trauriger. 1787 war Leopold im Alter von 67 Jahren gestorben – vermutlich murmelte er bis zuletzt, dass sein Sohn weder Geld noch Leute verstand, die falsche Frau geheiratet hatte und es bald ein schlimmes Ende mit ihm nehmen würde. Zu dieser Zeit hatte sich Mozart vom Einfluss seines Vaters befreien können, doch er liebte den komischen Kauz und muss ihn sehr vermisst haben. In den folgenden Jahren verdiente er seinen Lebensunterhalt nur sehr mühsam – er muss sich sicherlich gefragt haben, ob Leopold ihn von der anderen Welt aus beobachtete, mit einem bitteren »Ich hab's dir doch gesagt«-Ausdruck auf seinem Geistergesicht. Mozart wollte unbedingt einen bedeutenden Posten am kaiserlichen Hof in Wien; doch er konnte keinen bekommen, teilweise (wie es scheint) weil Salieri, ein älterer italienischer Komponist, hinter den Kulissen gegen ihn intrigierte, denn er hatte eine gut bezahlte Stelle am Hof und wollte diese nicht gefährden. Schließlich wandte sich Mozarts Karriere doch zum Besseren; 1791 wurde er mit dem Schreiben von 2 Opern beauftragt: eine war *Die Zauberflöte* für ein Volkstheater in Wien, wo die Billette auch tatsächlich erschwinglich waren; sie wurde ein sofortiger Erfolg. Die andere hieß *La Clemenza di Tito*, komponiert für die tschechische Hauptstadt Prag, wo Mozarts Musik bewundert wurde; er schrieb praktisch die gesamte Oper in 18 Tagen – in der Hälfte der Zeit, die die meisten benötigen würden, nur um sie aufzuschreiben!

Doch genau zu diesem Zeitpunkt begann es mit seiner Gesundheit bergab zu gehen – welch schlechte Planung. Er wurde zusehends depressiver, litt unter Wahnvorstellungen und dachte, man wolle ihn vergiften. Kurze Zeit zuvor war ein seltsamer, schwarz gekleideter Bote gekommen und hatte ihn mit dem Schreiben eines Requiems, einer Messe für die Toten, beauftragt; nun war Mozart überzeugt, dass der Bote aus der andern Welt gekommen und das Requiem für ihn selbst war. (In Wahrheit war es für einen Grafen, der das Requiem für seine kürzlich verstorbene Frau wünschte. Dieser wollte vorgeben, es selbst komponiert zu haben; doch Mozart würde dies nie erfahren.) Mozart vollendete das Requiem nicht mehr, obwohl er bis einige Tage vor seinem Tod daran gearbeitet hatte. Nach seinem Tod wurde das schicksalhafte Werk von einem seiner Schüler vollendet.

Leider endet hier der letzte Teil unserer Zeitreise: an Mozarts Totenbett – und er ist erst 35 Jahre alt! Sein Tod war entsetzlich. Seine Nieren versagten; sein Körper schwoll an und begann fürchterlich zu stinken. (Igitt – armer Mozart.) Er weinte bittere Tränen, als er merkte, dass er seine Frau und seine zwei Söhne ohne Geld zurücklassen würde – gerade als er das Gefühl gehabt hatte, das Glück würde ihm hold sein. Seine Schwägerin Josepha Weber half ihn zu pflegen; einen Tag vor seinem Tod schien es ihm wieder besser zu gehen, daher ging sie heim zu ihrer Mutter. Wie sie sich später erinnerte, zündete sie dort eine Kerze an und dachte: »Wie geht es jetzt wohl Mozart?« Im Moment, als sie dies dachte, erlosch die Kerze – ohne erkennbaren Grund. Voller schrecklicher Vorahnungen eilte sie an Mozarts Bett – und fand ihn tatsächlich im Sterben. »Ich habe schon den Totengeschmack auf meiner Zunge«, sagte er traurig zu ihr. Es wurde nach dem Arzt gesandt, doch dieser war im Theater und wollte nicht kommen, bevor das Stück zu Ende war; als er kam, verlangte er, dass kalte Umschläge auf Mozarts Stirne gelegt würden – diese erschreckten Mozart so sehr, dass er das Bewusstsein verlor und wenige Stunden später starb.

Danach geschahen eine Menge schrecklicher Dinge. Constanze war so verzweifelt, dass sie neben der Leiche ins Bett kroch und hoffte, mit einer ansteckenden Krankheit infiziert zu werden und ebenfalls zu sterben. (Es klappte nicht.) Am nächsten Tag griff ein Mann, dessen schwangere Frau Mozarts Schülerin gewesen war, sie mit einer Rasierklinge an, verwundete sie und beging dann Selbstmord; natürlich fing die Gerüchteküche an zu brodeln, und die Leute behaupteten, das Kind im Mutterleib wäre von Mozart. (Was nicht stimmte.) Salieri begann, sich schuldig und verfolgt zu fühlen; viele Jahre später starb er in einem Irrenhaus, immer noch von den Anschuldigungen geplagt, Mozart getötet zu haben. (Er hat's nicht getan.)

Mozarts Beerdigung war armselig. Zu dieser Zeit bekamen nur Adlige große Beerdigungen – die meisten Leichen wurden zu Friedhöfen außerhalb der Stadt gebracht, wo 3 oder 4 Leichen pro Grab bestattet wurden. Mozarts Leiche wurde, ohne Begleitung seitens seiner Freunde oder seiner Familie, weggeführt und in ein ebensolches Grab gelegt; und bald konnte sich niemand mehr daran erinnern, wo genau er begraben lag – seine sterblichen Überreste sind für immer verloren. Er hätte es im Tod besser verdient – genauso wie er es im Leben besser verdient hätte. Es ist eine tragische Geschichte – oder zumindest eine Geschichte mit einem tragischen Ende; wenn man nur daran denkt, was er alles hätte komponieren können, hätte er nochmals 35 Jahre gelebt! Aber trotzdem – was wir haben, ist wahrhaftig fantastisch; und wir können dankbar sein, dass dieser musikalische Engel unter uns lebte, wenn auch nur für eine solch kurze Zeit.

Die Musik

Es hat noch nie ein außergewöhnlicheres Wunderkind gegeben als Mozart; doch es gab einige, die wahrscheinlich genauso außergewöhnlich waren. Zum Beispiel gab es einen kleinen englischen Jungen mit dem eher seltsamen Namen William Crotch; er gab sein erstes Orgelrezital mit zweieinhalb Jahren! Danach wurde er herumgereicht und vorgeführt, genau wie der kleine Mozart – doch im Unterschied zu jenem machte er sich nur als Musikprofessor einen guten Namen. (Nun, einen solch guten

Namen hatte er eigentlich gar nicht; er hat seine Stelle als Leiter einer Musikschule verloren, weil er ein Liebesverhältnis mit einer Studentin einging – ähem. Aber wenigstens besaß er, was die Musik angeht, einen guten Namen.) Das wahre Wunder bei Mozart war, dass seine Musik großartiger wurde, je älter er wurde. Auch wenn die Kompositionen aus seiner Kindheit sehr süß und für ein Kind äußerst beeindruckend sind, würde sich wohl kaum jemand an ihn erinnern, wäre er als Jugendlicher gestorben. Seine wahrhaftig fantastischen Werke stammen aus seinen 20er- und 30er-Jahren.

Einmal wurde Mozart gefragt, wie er es bloß schaffe, immer solch perfekte Musik zu schreiben. »Ich kenne keine andere Art zu komponieren«, lautete seine Antwort. Doch auch wenn jede seiner Noten schön war, so konnte Mozart innerhalb dieser Schönheit unendlich viele Gefühle oder Stimmungen ausdrücken, auch traurige oder sogar bedrohliche. Seine Musik umfasste alles, jede Form sagte ihm zu: Opern, Symphonien, Konzerte, Kammermusik, religiöse Musik, Klaviersonaten, sogar Tanzmusik; alles, was von Mozart berührt wurde, verwandelte sich in musikalisches Gold.

In seiner Musik gibt es für jeden etwas: Erwachsene, Kinder, Musiker, Menschen, die noch nie etwas anderes gehört haben. Seine Musik ist wie ein Naturprodukt, jede Phrase ist genau so, wie sie sein muss. Es ist schwierig, sich eine Welt ohne sie vorzustellen; am besten, man tut es gar nicht erst!

Was könntest du hören?

Hmm … das ist schwierig – es gibt so viel, was nicht verpasst werden darf! Zugegeben, es gibt einige unwichtige Sachen von Mozart – Stücke, die er schrieb, um einfach Geld zu verdienen oder als er wirklich jung war; doch es gibt auch eine sehr lange Liste mit Meisterwerken.

Nun, da Mozart sich wahrscheinlich in erster Linie als Opernkomponist sah, möchtest du wohl mit einigen seiner großartigsten Opern beginnen. Vielleicht solltest du erst Aufnahmen davon hören, um sie langsam kennenzulernen; und dann, falls du Gelegenheit dazu hast, schau sie dir an. Ich würde empfehlen, zuerst mit *Don Giovanni* und der *Zauberflöte* zu beginnen. Eine seiner größten Errungenschaften als Opernkomponist ist, dass die Musik für jede Rolle völlig anders klingt, je nach Charakter der Rolle. Zum Beispiel ist die Hauptrolle in *Don Giovanni*, der Don selbst, ein charmanter, aber gemeiner Hund, der herumzieht und fast alle Frauen verführt, die er trifft. Seine Musik klingt attraktiv und mächtig – aber nicht sehr vertrauenerweckend. Schließlich findet er ein ganz böses Ende, als eine Steinstatue von ihrem Sockel fällt und ihn in die Flammen der Hölle mitreißt – es ist furchterregend. In der *Zauberflöte*, einer Art Märchen, gibt es die böse Königin der Nacht, deren Musik sich ziemlich boshaft anhört; ihre schöne Tochter Pamina, die rein und unschuldig klingt; die Musik des Vogelfängers Papageno ist schusselig und ein wenig einfältig, aber sehr liebenswürdig, usw. Mozart verstand die Figuren, die er schuf, bis zur allerletzten Note; und gab ihnen, ob gut oder schlecht, die schönsten, eingängigsten Melodien, die sich jede Figur nur wünschen könnte!

Mozart schrieb 27 Klavierkonzerte, meistens für seine eigenen Auftritte. Wenn du sie dir anhörst, vor allem die späteren, kannst du erahnen, welch ein erstaunlicher Klavierspieler er war – und wie sehr es ihm gefallen haben muss, die Leute mit seinem Können zu blenden. (Hatte er das Gefühl, dass ihn jemand wirklich schätzte, spielte er für diese Person ohne Weiteres mit Vergnügen stundenlang.) Doch du kannst auch heraushören, wie unsäglich traurig er manchmal gewesen sein muss – und oft bleibt dir dieses Gefühl am längsten. Versuch doch einmal das Klavierkonzert Nr. 23 KV 488. (KV steht übrigens für »Köchelverzeichnis«. Köchel war ein Mann, der Jahre damit zubrachte, alle Mozartwerke, die er finden konnte – weit über 600 – , zu katalogisieren und sie in jener Reihenfolge zu ordnen, in der er annahm, dass sie geschrieben wurden; eine riesige Aufgabe.) Die drei Sätze von KV 488 unterscheiden sich total voneinander, und doch ergeben sie zusammen eine zufriedenstellende Geschichte. Der erste Satz ist elegant, es ist, als wären wir in eine perfekte Welt befördert worden; im dritten scheint es, als könnten wir Leute lachen und tanzen hören. Es ist jedoch der zweite Satz – der langsame Satz –, der das Herz dieses Werks bildet; er ist so traurig, dass wir das Gefühl haben, wir würden in einen Fluss blicken, dessen Tiefe kein Ende nimmt. Seine Schönheit ist wirklich zauberhaft.

Auch nicht zu verpassen sind die drei letzten Symphonien – jede ist großartig; müsste ich eine wählen, dann vermutlich die letzte, die *Jupiter-Symphonie* – ein Fest goldener Brillanz. Wenn du danach in Stimmung für absolut gloriose, aber tragische Musik bist, hör doch das *Requiem* und das Streichquartett g-Moll KV 516. Und nach diesen – nun ja, wirst du offen sein für mehr …

Fakten und Anekdoten

1756, im Geburtsjahr von Mozart, veröffentlichte Leopold ein Buch über das Spielen der Geige. Es ist so gut, dass es heute noch gedruckt wird; heutzutage lesen es die Leute allerdings nicht mehr, um das Geigenspiel zu erlernen, sondern um herauszufinden, wie die Geiger damals spielten …

Kindergeschichten …

Als Komponist ist Leopold heute am besten bekannt für ein Werk, das man als *Kindersymphonie* kennt; während langer Zeit wurde angenommen, sie sei von Haydn, aber heute wissen wir, dass sie von Leopold geschrieben wurde. Es ist ein lustiges Stück für Orchester und einige Spielzeuginstrumente wie die Wachtel, den Kuckuck und die Nachtigall. Diese sind sehr leicht zu spielen, sodass an speziellen Konzerten manchmal berühmte Leute, die gar keine Musiker sind, als Gast auftreten, um sie einfach so zum Spaß zu spielen.

—

Mozarts Eltern nahmen es mit der Namenswahl ernst: Mozart heißt mit vollem Namen – tief Luft holen – Johannes Chrysostomus Wolfgangus Theophilus Mozart. Damit sie nicht Stunden vergeudeten, um ihn zum Abendessen zu rufen, nannten ihn seine Eltern kurz Wolfgang – oder (noch kürzer) Wolferl. Später ersetzte Mozart den griechischen Namen Theophilus durch einen mit derselben Bedeutung (»von Gott geliebt«) in Latein: Amadeo. Ab ungefähr 1770 nannte er sich Wolfgango Amadeo, um italienisch zu klingen, und dann, ab 1777, machte er ein bisschen auf Französisch und hieß nun Wolfgang Amadé! Heute spricht man gewöhnlich von Wolfgang Amadeus Mozart …

Name ist Schall und Rauch …

Die Menschen waren immer fasziniert von der Rivalität zwischen dem reichen, aber nicht großartigen Komponisten Antonio Salieri und dem armen Genie Mozart. Im 19. Jahrhundert schrieb der berühmte russische Dichter Puschkin ein Theaterstück in Gedichtform mit dem Titel *Mozart und Salieri*; daraus wurde später eine erfolgreiche Oper.

In jüngerer Zeit wurde die Idee vom britischen Dramatiker Peter Shaffer aufgenommen; er schrieb [1981] das Schauspiel *Amadeus*, das auf der Beziehung der beiden Männer basiert. Daraus entstand [1984] der berühmte Film *Amadeus*. Obwohl das Bühnenwerk und insbesondere der Film sich meilenweit von den wahren Tatsachen bewegen (so nannte sich Mozart zum Beispiel nie Amadeus), machten sie Mozarts Musik so populär wie nie zuvor; und es ist toll, wenn einem seine Musik von der Kinoleinwand entgegendröhnt!

—

Ab 1762, als Mozart gerade mal 6 Jahre alt war, nahm Leopold seine Familie mit auf Konzerttourneen, die sie in den nächsten Jahren in die meisten Großstädte Europas bringen würden. Dafür brauchte es viel Vorbereitung. Sofort nach der Ankunft der Familie Mozart in einer Stadt machte sich Leopold an die Arbeit; er schwirrte herum und machte die wichtigsten Leute in der Stadt ausfindig (falls er dies nicht schon im Voraus herausgefunden hatte) und wer den größten Einfluss am dortigen Hof hatte. (Jedes Gebiet wurde damals von einem Fürsten oder einer Fürstin regiert, die von vielen niedrigeren Adeligen umgeben waren.)

Dann ließ Leopold seine Kinder diesen Leuten vorspielen, die fast immer platt vor Staunen waren. (Bei den seltenen Gelegenheiten, in denen sie von seinen Kindern nicht sprachlos begeistert waren, kam er zum Schluss, dass diese Leute ein Wunder Gottes leugnen würden; daher glaubten sie nicht an Gott; somit waren sie schlechte Menschen und daher zählte ihre Meinung nicht. Wirklich eine tolle Schlussfolgerung.) Die einflussreichste Persönlichkeit erzählte darauf vielleicht seinem wichtigen Freund, dem Grafen, davon; der Graf wiederum redete vielleicht mit einer befreundeten Dame, die möglicherweise Hofdame bei der Fürstin war; diese könnte darauf vielleicht, wenn sie dazu in Stimmung war, mit ihrem Ehemann, dem Fürsten, sprechen. Und falls der Fürst nicht jagen ging, könnte er vielleicht den Mozarts befehlen, vor ihm zu erscheinen und für ihn zu spielen; und falls er an jenem Tag sehr großzügig war und nicht gerade an einer Magenverstimmung oder Gicht oder an einem andern Zipperlein litt, das ihn in schlechte Laune versetzen würde, gab der Fürst der Familie vielleicht ein wertvolles Geschenk. Doch es war alles ein bisschen riskant – fast gar nichts war sicher.

Eine andere Möglichkeit, die Kinder zu präsentieren, waren öffentliche Konzerte, doch das verlangte von Leopold noch viel mehr geschäftiges Herumrennen. Währenddessen stiegen die Rechnungen für Essen und Unterkunft (auch wenn die Mozarts große Meister darin waren, bei den reichen Leuten rechtzeitig für ein kostenloses Mittagessen einzutreffen); und Leopold gab nicht gern Geld aus – er wollte es nur verdienen. Er war ein guter Geschäftsmann – aber irgendwie wurden die Mozarts nie reich …

Auf der Sonnenseite …

Auch wenn Mozarts Gesundheit unter dem beinahe ständigen Reisen gelitten haben mag (jedenfalls langfristig), entwickelte sich seine musikalische Ausbildung erfolgreich. Er traf gern gute Musiker. Als er erst 8 Jahre alt war, freundete er sich in London fest mit Bachs jüngstem Sohn, Johann Christian Bach, an (dem frechen, der seinen Vater »Die alte Perücke« nannte). Dieser war inzwischen ein berühmter Komponist gegen Ende 20 und hatte an Mozart große Freude. Bei einer Gesellschaft, die vom König und von der Königin von England besucht wurde, saß Mozart zwischen J. C. Bachs Knien am Klavier. Die zwei unterhielten mit einem Spiel, indem sie ein Stück improvisierten, bei dem der eine da weiterspielte, wo der andere aufgehört hatte – während zweier Stunden, und sie langweilten sich dabei nie. (Ob dies bei König und Königin wohl auch der Fall war?) Etwa zu derselben Zeit erstaunte Mozart einige andere Musiker mit seinem Musikverständnis. Ein neues Werk von J. C. Bach war gerade gedruckt worden, und einige bedeutende Erwachsene saßen da und studierten es sehr ernsthaft, während Mozart (aus welchem Grund auch immer) auf dem Tisch herumrollte. Sie zeigten ihm die Noten – und in einer kurzen Pause zwischen zwei Rollen zeigte Mozart sofort auf eine falsche Note, die niemand anders bemerkt hatte!

(Eigentlich erstaunlich, dass sie ihn nicht augenblicklich vom Tisch hinunterstießen.)

—

Nach 1768 wurde das arme Nannerl mit seiner Mutter zu Hause gelassen, während Leopold und Wolfgang auf weitere Tourneen gingen – hauptsächlich nach Italien, wo sich Mozart zuerst einen Namen als Opernkomponist machte – in der Heimat der Oper! (Die Oper wurde tatsächlich in Italien erfunden.) Eine ziemlich ansprechende Leistung für einen Jugendlichen …

Wenn wir von Leistung sprechen …

In Rom hörte Mozart den päpstlichen Chor ein berühmtes heiliges Stück singen, das *Miserere* von Allegri. Dieses ziemlich lange und komplizierte Werk wurde als so heilig betrachtet, dass es niemandem erlaubt war, die Noten abzuschreiben. Mozart hörte es einmal, ging nach Hause, schrieb das ganze Ding aus dem Gedächtnis auf, ging es noch einmal hören, machte ein paar Korrekturen – und er hatte die perfekte Abschrift des verbotenen Stücks! Wären ihm die päpstlichen Behörden auf die Schliche gekommen, wäre er in GROSSE SCHWIERIGKEIT geraten. Die Italiener des 18. Jahrhunderts waren ein seltsames Völkchen, das muss gesagt sein: Einmal gab Mozart ein Konzert in Neapel und trug dabei einen Ring. Das Publikum ließ sich nicht beeindrucken; es war sicher, dass er nur so außergewöhnlich spielte, weil der Ring Zauberkräfte hatte. Also zog Mozart ihn aus und spielte ohne ihn; und plötzlich feierte ihn das Publikum stürmisch! Höchst merkwürdig.

—

Nach vielen Jahren auf Tournee tauchte ein Problem auf. Leopolds offizielle Anstellung war jene eines Musikers im Dienste des Erzbischofs von Salzburg; der alte war sehr locker mit dem Kommen und Gehen der Mozarts umgegangen, doch er war gestorben; nun war ein neuer, strengerer Erzbischof ernannt worden. Dieser war im Allgemeinen von den Mozarts weniger beeindruckt als sein Vorgänger. Er wies darauf hin, dass Leopold ja bei ihm angestellt sei, und da ihm oft das (erbärmliche) Salär auch in seiner Abwesenheit bezahlt worden war, sei es höchste Zeit, dass er in Salzburg bliebe und seine Brötchen verdiene. Der Kirchenfürst schien nicht zu merken, dass Wolfgang ein Genie war. Etwa für die nächsten 4 Jahre blieb Mozart, sehr zu seiner Verärgerung, im Wesentlichen in Salzburg stecken, vom Erzbischof für ein mickriges Salär angestellt – sogar für noch weniger als sein Vater. Nach all dem aufregenden Leben auf Reisen konnte Mozart die Langeweile des Kleinstadtlebens kaum ertragen …

Alberne Spiele in Salzburg …

Außer Komponieren – was sich großartig entwickelte – und seinen Auftritten hatte Mozart in Salzburg sehr wenig zu tun. Sein einziger Zeitvertreib bestand darin, sich in hübsche Mädchen zu verlieben, eine Menge Brathähnchen und Leberknödel mit Sauerkraut (igitt!) zu essen und sich mit seiner Familie und seinen Freunden in ein Spiel zu vertiefen, bei dem sie gewöhnlich eine unanständige Zeichnung fabrizierten – extrem unanständig, falls Mozart seinen Willen durchsetzen konnte – und mit einem Luftgewehr darauf schossen! Wie ein Videospiel aus dem 18. Jahrhundert.

—

Mit 21 Jahren hasste Mozart den neuen Erzbischof so sehr, dass er es nicht mehr ertragen konnte, sich mit ihm in derselben Stadt aufzuhalten, und bat in einem Brief um seine Entlassung aus dem Dienst. Der Erzbischof reagierte liebevoll – und entließ Wolfgang und Leopold. Leopold konnte sich ein Leben ohne Gehalt allerdings nicht leisten, und er schaffte es irgendwie, die Dinge so zu arrangieren, dass er seine Stelle behalten durfte, während Wolfgang die Freiheit erhielt. Doch Leopold erlaubte es Wolfgang auf gar keinen Fall, allein zu reisen. Also wurde der Entschluss gefällt, dass Leopold und Nannerl in Salzburg bleiben würden, während die Mutter Mozart auf seiner Reise begleitete. Nachdem Leopold alles gepackt hatte, so viel von ihrer Reise im Voraus organisiert, wie er konnte, die Geldangelegenheiten geregelt und ganz allgemein sein gewöhnliches geschäftiges Treiben veranstaltet hatte, winkte er seiner Frau und seinem Sohn untröstlich Lebewohl – und begann, sich Sorgen zu machen …

Und Leopold sorgte sich um alles …

Er sorgte sich, ob Wolfgang und seine Mutter das Richtige aßen und das Richtige tranken; ob sie passende Kleider trugen und die Schuhspanner in ihren Stiefeln anbrachten; ob Wolfgang Läuse in seinen Haaren hatte; ob er auf dem Kopfsteinpflaster ausrutschte usw. Und darüber hinaus sorgte er sich um Geld – oder eher um dessen Fehlen. Es war einfach lächerlich, wie sehr er sich um Wolfgang sorgte, der nun ein Mann war, und ihn wie ein kleines Kind behandelte. (Leopold beklagte sich sogar darüber, dass die Zeit nun vorbei war, in der Wolfgang jeden Abend vor dem Zubettgehen auf einen Stuhl stieg, ein Liedchen sang und seinen Papa immer wieder auf die Nasenspitze küsste. Gut, war sie vorbei, denn Wolfgang hätte wahrscheinlich beim Hinaufsteigen den Stuhl kaputtgemacht, und Leopold hätte einen neuen kaufen müssen.) Das Problem war, dass Leopold, ob lächerlich oder nicht, guten Grund zur Sorge hatte. Im praktischen Leben war Wolfgang eine wandelnde Katastrophe. Was Leopold betraf, bestand Wolfgangs Aufgabe darin, Geld zu verdienen. Leopold (der gegenüber jedem argwöhnisch war – »alle Menschen sind Bösewichte«, pflegte er genüsslich zu sagen) war sich sicher, dass ihm niemand anders dabei helfen konnte und dass Wolfgang, dank seines Genies, alle anderen Musiker so neidisch machen würde, dass sie versuchten, sein Glück zu stören. Daher musste er jedem schmeicheln, den richtigen Leuten gegenüber höflich sein und den größten Teil seines Lebens diplomatisch bleiben. Wolfgang hingegen war der Meinung, dass seine Hauptaufgabe darin bestand, sich zu amüsieren und wunderschöne Musik zu komponieren und zu spielen. Falls er dies täte, so dachte er, würden ihn alle lieben und ihm helfen, und er würde Unmengen Geld verdienen und obendrein irre berühmt werden. Hmm … Leider behielt Leopold nur allzu recht.

—

Armer Wolfgang – es lief nicht besonders gut für ihn. Zuerst hatte er sich über beide Ohren in Aloysia Weber verliebt und war zum Entschluss gekommen, dass er am liebsten mit der Familie Weber in einer Kutsche umherreisen und irgendwie genug Geld für den Lebensunterhalt verdienen würde. Du kannst dir sicher vorstellen, was Leopold davon hielt. Daher wurde Mozart, der sich mit allen möglichen Mitteln herauszuwinden versucht hatte, indem er seinem Vater eine Menge Halbwahrheiten schrieb und sich verzweifelt bemühte, die Mutter auf seine Seite zu ziehen, von seinem Vater strikt befohlen, seinen hübschen, kleinen Hintern nach Paris zu bewegen (immer noch mit der Mutter im Schlepptau), wo er etwas verdienen könnte. Widerwillig tat Mozart, wie ihm geheißen, und reiste nach Paris, doch verdiente er nichts; und als Tiefpunkt des katastrophalen Jahres starb seine Mutter dort …

Überbringung der traurigen Nachricht …

Mozart mag in vielerlei Hinsicht unreif gewesen sein – was nach der seltsamen Erziehung wohl niemanden überrascht; doch als es darum ging, seinem Vater vom Tod der Mutter zu berichten, zeigte er wahrhaftig seine feinfühlige Seite. Obwohl sie bereits tot war, schrieb er seinem Vater und erzählte nur, die Mutter sei sehr krank und er hoffe das Beste. Gleichzeitig schrieb er einem nahen Freund in Salzburg, erzählte ihm alles und bat ihn, Leopold und Nannerl auf die schlechte Nachricht vorzubereiten und ihnen beizustehen, wenn sie eintreffe. 6 Tage später schrieb er Leopold die traurige Wahrheit.

—

Also … mit keinen Aussichten, sich in Paris den Lebensunterhalt zu verdienen und sich ganz einsam und elend fühlend (besonders seit Aloysia ihm klargemacht hatte, dass sie gar nicht an ihm interessiert sei), gab es für Mozart keine andere Wahl, als ins schreckliche Salzburg und zum »idiotischen« Erzbischof (wie ihn Mozart höflich beschrieb) zurückzukehren – der nun wieder beide Mozarts bei sich in Stellung hatte, für ein Jahresgehalt, mit dem sie sich in einer Großstadt ein paar gute Mahlzeiten hätten leisten können. Der Schmeichler meinte jetzt, da nun beide wieder auf seiner Gehaltsliste stünden, hätte er das Recht, Leopold und Mozart wie Diener zu behandeln, Mozarts Musik zu kritisieren und sogar ihre Privatbriefe lesen zu lassen. (Wenn die Mozarts daher etwas wirklich Privates schreiben wollten, benutzten sie einen Geheimcode; ihr Arbeitgeber kaute wahrscheinlich frustriert an seinem Erzbischofshut, doch er konnte nichts daran ändern.) Zum Glück wurde Mozart nach 18 langen Monaten in Salzburg beauftragt, eine große Oper, *Idomeneo*, zu komponieren, die in München aufgeführt werden sollte; auf diese große Chance hatte er gewartet. Eine Oper, mit ihrer Mischung aus Theater und Musik, war genau das, was Mozart schon immer hatte schreiben wollen. Er hatte natürlich schon zuvor ein paar geschrieben, doch diese war seine erste wirklich große Oper. Es war ein Triumph – sogar Leopold war glücklich …!

Musik nach Maß …

Anders als Bach (siehe vorhergehendes Kapitel), dessen Musik ganz der Ehre Gottes gewidmet war (auch wenn er sie schreiben musste, um Geld zu verdienen), oder Beethoven (siehe nächstes Kapitel), der nur komponieren konnte, wenn er so inspiriert war, dass er nichts anderes machen konnte als komponieren, war Mozart als Musiker eher praktisch veranlagt und komponierte fast ausschließlich für bestimmte Personen und Gelegenheiten.

In seinen Opern schrieb er die Musik den Sängern quasi auf den Leib; er passte die Musik den Ausführenden so an, wie dies ein Schneider mit den Kleidern für seine Kundschaft tut. Trotzdem hatte er schrecklichen Ärger mit temperamentvollen Sängern. Zum Beispiel rastete an der Premiere von einer seiner in Italien geschriebenen Opern die Primadonna, also die Sängerin mit der weiblichen Hauptrolle, völlig aus. Zuerst kamen der Erzherzog und die Erzherzogin drei Stunden zu spät. Dann spielte einer der weniger wichtigen Sänger seine Rolle viel zu übertrieben, was zur Folge hatte, dass das Publikum an der falschen Stelle lachte und die Primadonna abgelenkt wurde. Und schließlich – wahrscheinlich das Schlimmste – begann die Erzherzogin begeistert zu klatschen, als die männliche Hauptrolle auftrat. »Weshalb hat sie nicht auch für *mich* so geklatscht?«, wollte die Primadonna weinerlich wissen und drohte damit, alle weiteren Aufführungen ins Wasser fallen zu lassen.

Es stellte sich heraus, dass der Sänger mit der männlichen Hauptrolle absichtlich das Gerücht gestreut hatte, er sei so nervös, dass er keine Note singen könne, es sei denn, die Erzherzogin ermutige ihn mit Applaus. Mozart musste sich sein ganzes Leben lang solche Begebenheiten gefallen lassen …!

—

Nach dem berühmten Tritt in den Hintern, mit dem er aus dem Dienst des Erzbischofs entlassen wurde, war Mozart ein freier Mann. Er wurde in Wien ständig auf Trab gehalten, immer wieder kamen Männer in seine Wohnung, um sein Klavier in einen Palast oder Saal zu bringen, wo er ein Konzert gab und wie wild beklatscht – doch nicht unbedingt bezahlt wurde. Geld – oder eher dessen Fehlen – war wirklich ein Problem. Trotz seiner Betriebsamkeit befand sich Mozart in einer abwärtsdrehenden Spirale; je mehr er verdiente, desto mehr gab er aus und umso mehr Geld brauchte er. Die ärgsten Prophezeiungen Leopolds wurden wahr. Mozart begann, seinen Freunden Bettelbriefe zu schreiben, er musste immer härter arbeiten, um über die Runden zu kommen und das geliehene Geld zurückzahlen zu können, und oft spürte er eine fürchterliche innere Leere. In seinen späteren Jahren in Wien wurden seine Konzertverpflichtungen immer spärlicher, und er sah sich nicht mehr imstande, aus seinen Schulden herauszukommen. Ein Adeliger ging sogar gerichtlich gegen ihn vor. Eine bedeutende Verpflichtung am Hof hätte geholfen – Mozarts einziger Dauerauftrag bestand darin, für die Feste des österreichischen Kaisers Hintergrundmusik zu schreiben, für nicht sehr viel Geld – äußerst frustrierend für ihn –, doch seine Feinde schafften es, dies zu verhindern. Doch wie machte er sich so viele Feinde? Vielleicht war er zu arrogant; er wusste, dass er als Musiker besser war als irgendjemand sonst um ihn herum (mit Ausnahme von Haydn, den er verehrte) – und vielleicht zeigte er dies den kleineren Lichtern allzu deutlich. Andererseits waren die anderen womöglich grün vor Neid, weil er so herausragte – kaum Mozarts Fehler!

Wer waren denn seine Freunde ...?

Nur einige wenige kamen Mozart zu Hilfe – meistens seine Freimaurer-Kollegen. Die Ziele der Freimaurer, einer halb geheimen Gesellschaft, deren Mitglieder aus dem Adel und dem Bürgertum (wie Mozart) stammten, waren Freiheit und gleiche Rechte für alle. Gegen Ende von Mozarts Leben war es jedoch ziemlich gefährlich, mit ihnen in Verbindung gebracht zu werden, da der Kaiser diesen Idealisten gegenüber misstrauisch wurde. Doch Mozart hielt zu ihnen, blieb ein Freimaurer und bewegte sogar seinen Vater während dessen letztem Besuch in Wien zu einer Mitgliedschaft – das letzte Mal, dass sich Vater und Sohn sehen sollten. Mozart brannte für die Ziele der Freimaurerei, und viele Werke wurden davon inspiriert (auch seine berühmteste Oper, *Die Zauberflöte*). Er fühlte sich wahrscheinlich auch ziemlich von der guten Kameradschaft angezogen, dem guten Essen – und all dem Geld, das seine Freimaurer-Kollegen ihm liehen! Andererseits könnte seine Verbindung zu den Freimaurern ihn in Schwierigkeiten gebracht haben – wir haben wirklich keine Ahnung. Viel später sprach Constanze finster davon, dass sie die ganze Zeit mit ihm zusammen sein musste, um ihn von schlechter Gesellschaft fernzuhalten. Vielleicht meinte sie die Freimaurer, deren politische Ideen gefährlich waren? Oder Leute – möglicherweise Freimaurer –, die Mozarts Großzügigkeit ausnutzten und von ihm Geld erschwindelten? Wir werden es nie erfahren.

—

Mozarts trauriges Ende ist bekannt; es muss nicht noch einmal erzählt werden. Doch was passierte nach seinem Tod mit seiner Familie? Nun, natürlich war Constanze am Boden zerstört, als Mozart starb – und pleite. Wie sollte sie in Zukunft sich und die beiden Jungen ernähren? Zum Glück halfen ihr viele Menschen, liehen ihr Geld, kümmerten sich um die Jungen und organisierten für sie Benefiz-Konzerte. Letztendlich wurde Constanze ziemlich reich; und sie heiratete nochmals – einen Mann, der eines der ersten Bücher über Mozart schrieb! Von den beiden Söhnen wurde einer Staatsdiener und der andere Pianist und Komponist. Merkwürdigerweise verlebte Constanze ihre letzten Lebensjahre in Salzburg – in jener Stadt, die Mozart unbedingt verlassen wollte! Auch Schwester Nannerl verbrachte dort ihren Lebensabend; sie starb in einem Haus, das nur wenige

Meter vom Geburtshaus ihres Bruders (und ihrem eigenen natürlich) entfernt lag. Es mutet mich seltsam an, wenn ich mir diese beiden alten Frauen vorstelle, die einander nie wirklich leiden konnten und die nun beide in dieser beengten Kleinstadt lebten, beide voller Erinnerungen an das längst verstorbene Genie, das beide so sehr geliebt hatten – jede auf ihre Weise.

Im Schatten seines Vaters ...

Mozarts Sohn Franz Xaver Wolfgang, der Pianist und Komponist, der erst 5 Monate alt war, als sein Vater starb, war sehr talentiert – doch der Schatten seines Vaters wurde so bedrückend, dass er sich nicht wirklich getraute, seine Talente voll auszuleben; er hatte immer Angst, den Familiennamen in den Schmutz zu ziehen. Es ist traurig, dass so viele Leute, die mit Mozart in Verbindung standen, darunter litten, ihm nahe gewesen zu sein – vielleicht verbrannten sie sich, weil sie der Sonne zu nahe kamen! Wir haben größeres Glück; heute können wir einfach in seinen glanzvollen Strahlen baden. Und drei Städte – Salzburg, das er zu ignorieren versuchte, Wien, das ihn zu ignorieren versuchte, und Prag, der einzige Ort, wo er während Lebzeiten wahrhaftig geschätzt wurde – verdienen sich an Touristen eine goldene Nase, die in Scharen jedes historische Gebäude besuchen, das mit Mozart in Verbindung gebracht wird. Es gibt sogar eine berühmte Praline, die nach ihm benannt ist – die Mozartkugel. Ich kann mir denken, was Mozart dazu gesagt hätte: »Wie süß« ...

LUDWIG VAN BEETHOVEN
(1770–1827)

Hättest du Beethoven in den Wiener Straßen von 1820 getroffen – was, zugegeben, höchst unwahrscheinlich ist, da du damals wahrscheinlich noch gar nicht auf der Welt warst –, so hättest du ihn für äußerst sonderbar gehalten. Seine Kleider waren unordentlich, sein Haar war unordentlich, sein Hut war unordentlich. Kurzum: er sah unordentlich aus. Er ginge gestikulierend und vor sich hin murmelnd energisch die Straße entlang und würde manchmal aus keinem ersichtlichen Grund laut auflachen. Und dann hielte er zum Singen, Grunzen oder Heulen einiger Töne inne, zöge rasch ein Notizbuch aus seiner Tasche, schriebe etwas auf und stapfte davon.

Wärst du ihm in seine Wohnräume gefolgt, hieltest du ihn für noch sonderbarer. Es herrschte ein heilloses Durcheinander: Überall Notenblätter, ein Klavier, dessen Saiten fast alle gerissen waren und in das Tinte gelaufen war, schäbige Möbel kreuz und quer, herumliegende Reste von halb verzehrtem Essen und möglicherweise mittendrin sogar – igitt! – gut sichtbar ein nicht ausgeleerter Nachttopf (um es höflich zu sagen). Großartig. Und wäre ihm beim Eintreten nach dem energischen Gehen zu heiß, dann nähme er einen Krug mit kaltem Wasser und leerte es sich über den Kopf; es würde sich auf den Boden ergießen und durch die Zimmerdecke der darunterliegenden Wohnung – Beethoven war kein guter Nachbar! Oder vielleicht hätte er Lust auf ein Bad und würde eine Ewigkeit darin sitzen bleiben, sich schrubben und singen und brummen wie ein zufriedener Bär. Danach könnte er sich rasieren wollen, wobei er Seifenschaum über sein ganzes Gesicht bis hin zu seinen Augen verteilen würde, da sein Bart bis dorthin wucherte; dann wäre es gut möglich, dass er sich während des Rasierens schnitte, da er so ungeschickt war. Und würde er dich plötzlich bemerken und sich freuen, dich zu sehen, könnte es gut und gern passieren, dass auch du seifenverschmiert wärst, weil er wahrscheinlich zu dir hinrennen und dich umarmen würde und dabei vergessen, wo er war und was er gerade tat, und auf dem Weg zu dir bestimmt unzählige Tische oder Stühle umwerfen. Und als Zugabe würde er wahrscheinlich deine Hand zerdrücken, indem er sie mit seiner haarigen Pfote so freundlich quetscht, dass dir die Tränen kommen!

Aber wahrscheinlich würde er überhaupt nicht bemerken, dass du ihm auf der Straße und bis in seine Wohnräume gefolgt bist – denn der arme Beethoven war taub! Kannst du dir vorstellen, wie schrecklich es für einen großen Komponisten sein muss, das Gehör zu verlieren und nie mehr einen Ton Musik hören zu können? Schalte einmal den Fernseher ein, aber ohne Ton – und versuche dir vorzustellen, wie es wäre, so jeden Tag deines Lebens zu verbringen. Grauenhaft – speziell für einen Musiker!

Blicktest du ihm schließlich ins Gesicht, sähst du, dass seine Augen furchtbar traurig waren; doch falls du etwas in sein Konversationsheft schreiben würdest – die Leute fanden es so am einfachsten, mit ihm zu reden – und er es lustig fände, würden seine strahlend weißen Zähne in einem freudigen Lachen aufblitzen, möglicherweise gefolgt von einem enormen Lachen, das sein ganzes Gesicht – einschließlich seiner bereits wabbeligen Nase – wie eine Gummimaske ausdehnen würde.

Die Leute fürchteten sich oft vor einem Treffen mit Beethoven, da das Gerücht kursierte, er möge Menschen nicht. Es stimmt, dass er, wenn er mit dem Schreiben eines neuen Stücks beschäftigt war, niemanden sehen wollte. Traf er jedoch jemanden, den er mochte, so war er herrlich liebenswürdig und gastfreundlich. Er konnte sehr anspruchsvoll sein und wurde oft sehr misstrauisch, sogar seinen engsten Freunden gegenüber, und benahm sich manchmal sehr grob; doch fast immer hatte er danach ein furchtbar schlechtes Gewissen und entschuldigte sich so herzergreifend, dassseine echten Freunde ihm alles vergaben. (Einmal schrieb er einem Freund: »Komm nie mehr in meine Nähe! Du bist ein treuloser Hund, möge der Henker alle treulosen Hunde holen.« Am nächsten Tag schrieb er demselben Freund: »Du bist ein ehrlicher Mensch, und ich sehe nun, dass du recht hattest; bitte suche mich heute Nachmittag auf.« Ein kleiner Sinneswandel!) Er benahm sich allen gegenüber gleich: Viele aristokratische Förderer halfen ihm auf viele verschiedene Arten; Beethoven war nicht undankbar, aber er weigerte sich, jedem ihrer Wünsche Folge zu leisten, nur weil sie von reicher Geburt waren. Wollten sie ihn zum Freund, mussten sie ihn so akzeptieren, wie er war – zerknitterte Kleidung (er verließ ein Haus fluchtartig, wenn von ihm erwartet wurde, dass er sich für die Mahlzeiten schick anziehen sollte), derbe Manieren, lautes Lachen – und ziemlich temperamentvoll!

Beethoven spielte nicht gern zur Unterhaltung vor Publikum und hasste es, wenn er beim Üben oder Komponieren belauscht wurde; er spielte nur, wenn ihm danach war und er sicher war, dass seine Musik geschätzt wurde. Einmal spielte er bei einer piekfeinen Gesellschaft, während im Nebenzimmer ein Graf laut mit einem hübschen Mädchen flirtete. Plötzlich sprang Beethoven vom Klavier auf und schrie: »Für solche Schweine spiele ich nicht!« Ende der piekfeinen Gesellschaft.

War eine ihm bekannte Person in Schwierigkeiten, wollte niemand eifriger helfen als Beethoven. (Eine derjenigen, denen er zu helfen versuchte, war Bachs jüngste Tochter Regina Susanne, die um 1800 in großen Nöten war; Beethoven sammelte Geld für sie.) Doch als er immer weniger hörte, wurde sein Misstrauen immer übertriebener, auch wenn sich sein grundsätzlich gütiger Charakter nicht veränderte; er war sich sicher, dass alle versuchten, ihn bei Geldangelegenheiten über den Tisch zu ziehen. Und er bildete sich ein, dass sich alle, vor allem seine Haushälterinnen und Diener, gegen ihn verschworen hätten, und darum feuerte er sie grundlos – das heißt, falls sie nicht bereits aus eigenem Antrieb gegangen waren, nachdem sie angeschrien, mit faulen Eiern beworfen und ihnen schwere Bücher an den Kopf geschmissen worden waren! Auch fand er dauernd, dass die Wohnung, in der er gerade lebte, aus dem einen oder andern Grund nicht geeignet war, und zog deshalb ständig um – was zur Folge hatte, dass seine unordentliche Unterkunft noch unordentlicher wurde.

Die Worte »Es spielt keine Rolle« gehörten anscheinend überhaupt nicht zu seinem Wortschatz! Alles spielte bei Beethoven eine Rolle, von der kleinsten Note in einem Musikstück bis zur Art und Weise, wie er sich eine Tasse Kaffee braute. Dafür (für den Kaffee, nicht für die Musik) bestand er auf 60 Bohnen pro Tasse – nicht 59, nicht 61, sondern 60; er zählte sie jeweils genau ab. Der Kaffee muss fürchterlich stark gewesen sein. Bring einmal einen Erwachsenen dazu, eine Tasse Kaffee mit 60 Bohnen zu brauen, und achte auf sein Gesicht, wenn er einen kleinen Schluck davon nimmt – Hilfe!

Genauso leidenschaftlich war Beethoven, wenn es ums Essen ging. Einmal ging er in ein Restaurant und bestellte ein Gericht; der Kellner brachte ihm das falsche und als Beethoven sich beschwerte, blaffte ihn der Mann unverschämt an und verschwand in der Küche. Einen Moment später erschien er wieder mit vielen Tellern für andere Gäste; Beethoven, nun gründlich verärgert, packte seine Mahlzeit (die aus Fleisch mit viel Bratensauce bestand) und schmiss sie dem Kellner ins Gesicht! Der Kellner war äußerst aufgebracht, aber gleichzeitig so sehr damit beschäftigt, seine Teller nicht fallen zu lassen und die Sauce abzulecken, die ihm über das Kinn lief, dass er nichts tun konnte. Er sah dabei so komisch aus, dass die anderen Restaurantbesucher zu lachen begannen, und plötzlich brach auch Beethoven in Gelächter aus und war wieder guter Laune. (Der Kellner tut mir aber wirklich leid.)

Ein anderes Mal fand Beethoven, dass er von Restaurants die Nase voll hätte und selbst kochen würde. Er lud einige enge Freunde zum Abendessen ein und setzte ihnen ein Essen vor, das er selbst zubereitet hatte. Es war so abscheulich, dass keiner von ihnen einen Bissen davon essen konnte; doch Beethoven fand es sehr gut und verschlang es, und dabei merkte er gar nicht, dass seine Gäste alles andere als begeistert waren!

Aus irgendeinem Grund wird Beethoven heute als finster dreinblickender, grimmiger Mann wahrgenommen; doch er hatte noch viele andere Seiten. Sein Schicksal war hart. »So schön ist das Leben, aber bei mir ist es für immer vergiftet«, sagte er selbst. Ein schwacher Mensch wäre an diesem Schlag, dem Verlust des Gehörs, dem wichtigsten Sinnesorgan für seine Lebensaufgabe, zerbrochen – aber nicht Beethoven. Er ist ein wahrer Held; ich glaube, es wäre wunderbar gewesen, ihm zu begegnen.

Die Musik

Oft hält man auch seine Musik für finster; doch auch wenn sie unglaublich kraftvoll ist, manchmal dunkel oder sogar dämonisch wirkt, so kann sie ebenso unbeschwert, fröhlich und sanft sein. Viele von Beethovens Werken geben seine Liebe zur Natur wieder (wie zum Beispiel die liebliche Symphonie *Pastorale*); bei vielen seiner Stücke hat man das Gefühl, sie gehörten hinaus an die frische Luft. Seine Musik enthält auch viel Humor – Beethoven mochte einen Witz in der Musik genauso sehr wie im Alltag.

Ganz anders als Bach und Mozart, die ihre Stücke anscheinend im Kopf planten und sie (meistens) sofort in Reinschrift aufschrieben, kämpfte Beethoven mit so gut wie allem, was er schrieb. Kam ihm eine Idee für eine Tonfolge in den Sinn – meistens, wenn er draußen spazierte – , notierte er sie sich sofort in seinem Skizzenbuch (oder was gerade zur Hand war; ging ihm zu Hause das Papier aus, benutzte er die Jalousien!). Danach arbeitete er an der Idee, änderte, verfeinerte und kämpfte mit ihr, manchmal jahrelang. Es ist wirklich interessant, seine Skizzenbücher anzusehen und daraus zu erfahren, wie seine berühmtesten Melodien geklungen hätten, hätte er sie nach dem ersten Einfall so stehen lassen. Sogar seine Schlussmanuskripte sahen wie ein Schlachtfeld aus. Seine armen Kopisten, die vor der Veröffentlichung des Stücks zuerst alles ins Reine schreiben mussten!

Manchmal spiegelt sich offensichtlich sein Leben in seiner Musik, manchmal nicht. Seine berühmte 5. Symphonie, die er schrieb, als er darum rang, seine Hörbehinderung zu akzeptieren, klingt wirklich wie ein Mann, der sich dem Schicksal widersetzt; doch seine 3. Sonate für Cello und Klavier, die er beinahe zur gleichen Zeit komponierte, ist eines der strahlendsten, zufriedensten Werke, die er je geschrieben hat. Je mehr er sein Gehör verlor, desto schöner wurde seine Musik; in der Stille schuf er eine perfekte Klangwelt. In seinen letzten Jahren entstanden einige der bewegendsten Musikstücke, die es überhaupt gibt.

Was könntest du hören?

Das sollte nicht schwierig sein – es gibt so viele Werke, die einfach absolut genial sind! Es gibt einige weniger bedeutende Werke von Beethoven – aber nicht viele; und all die berühmten Stücke sind gigantische Leistungen. Ich würde vorschlagen, mit den Symphonien zu beginnen – vielleicht mit der fünften, mit ihrer stürmischen Eröffnung, die vermutlich das Schicksal darstellt, oder der sechsten, der *Pastorale*, in der wir mit Beethoven über Land spazieren, einen wilden Sturm vernehmen und dann den Bauern zuhören, wie sie sich freuen, als sich die Sonne wieder blicken lässt, oder der siebten, die als langsamer Satz einen unglaublich schönen Trauermarsch enthält. Danach, vielleicht, die Klaviersonaten – versuche die *Sonate pathétique*, die *Mondschein-* oder die *Waldsteinsonate*. Diese Werke können dir die Türe zu Beethovens überraschender Welt öffnen – einer Welt, die umso fantastischer wird, je besser man sie kennt. Seine Musik ist irgendwie einzigartig zufriedenstellend. Nimm dir Zeit, um alle seine großartigen Meisterwerke kennenzulernen – sie warten auf dich!

Schließlich wirst du zu Werken wie der neunten (und letzten) Symphonie kommen – bei der es, nachdem er achtdreiviertel Symphonien nur für Orchester geschrieben hatte, plötzlich zu singen anfängt, da er 4 Solisten und einen Chor hinzugenommen hat, die zusammen mit dem Orchester eine *Ode an die Freude* vortragen; zu seiner *Missa Solemnis,* der Messe, für die er beinahe 4 Jahre brauchte; und zu den letzten Streichquartetten, seinen tiefsinnig persönlichen Aussagen, die die Sprache der Musik für immer veränderten. Wenn du dich mit Beethoven anfreundest, wirst du einen Begleiter fürs Leben finden – einer, der dich nie im Stich lassen wird!

Fakten und Anekdoten

Beethoven wurde 1770 in Bonn in eine Musikerfamilie hineingeboren. Er war das älteste überlebende Kind von Johann und Maria van Beethoven. Seine zwei jüngeren Brüder, Kaspar Anton Karl und Nikolaus Johann, wurden 1774 bzw. 1776 geboren. Beethoven wurde nach seinem Großvater – und Taufpaten – benannt, der ebenfalls Ludwig van Beethoven hieß und ein hochgeachteter Musiker am Hof in Bonn war. Obwohl er starb, als Beethoven kaum drei Jahre alt war, behielt ihn der kleine Ludwig in liebevoller Erinnerung. Beethoven liebte auch seine Mutter Maria; sie war ruhig und gütig – im Gegensatz zu seinem Vater Johann, der ein ziemlich gemeiner Hund gewesen sein muss. Johann, ebenfalls Musiker, aber weniger erfolgreich als sein Vater, wollte aus dem kleinen Ludwig ein Wunderkind machen, wie es Mozart gewesen war, und mit ihm viel Geld verdienen. Johann war oft sehr betrunken und zwang Ludwig, mitten in der Nacht aufzustehen, um Klavier zu üben. Ich bin erstaunt, dass ihm auf diese Weise nicht die Freude an der Musik auf Lebenszeit verging!

Niemand weiß es ...

Niemand weiß genau, wann Beethovens Geburtstag war. Seine Geburt wurde am 17. Dezember registriert, was wahrscheinlich bedeutet, dass er am 16. geboren wurde; er könnte aber auch am 17. geboren worden sein – er selbst feierte seinen Geburtstag jeweils am 15.! Jahrelang war er sich nicht einmal sicher, wie alt er eigentlich war – teilweise deshalb, weil sein Vater, um ihn mehr wie ein Wunder aussehen zu lassen, als er war, behauptete, er sei erst 1772 geboren. Als Beethoven beinahe 40 war, beauftragte er einen Freund mit der Suche nach seiner Geburtsurkunde und erfuhr so sein wahres Alter (na ja – immerhin auf wenige Tage genau).

—

Obwohl kein Wunderkind, waren seine musikalischen Talente mit 16 bereits beeindruckend entwickelt; er war bereits ein ausgebildeter Pianist und Organist und hatte schon etliche Werke komponiert. Man merkte, dass er seine musikalischen Flügel ausstrecken musste, deshalb wurde er in die Großstadt Wien geschickt. Er war allerdings erst etwa 2 Wochen dort, als ihn die Nachricht erreichte, seine Mutter wäre ernsthaft krank, und er eilte zurück nach Bonn.

Ein Treffen mit Mozart ...

Wahrscheinlich die erinnerungswürdigste Begebenheit seines kurzen Aufenthalts in Wien war sein Zusammentreffen mit Mozart. Mozart, auf der Höhe seines Ruhms, hörte Beethoven beim

Spiel eines Klavierstücks zu, schien aber nicht sonderlich beeindruckt. Dies ärgerte Beethoven zweifelsohne; ihm wurde nachgesagt, er würde am besten improvisieren (d. h. ein Stück an Ort und Stelle entstehen lassen), wenn er entweder in besonders guter Stimmung war oder wirklich verärgert. So nahm er eine Improvisation über ein von Mozart vorgegebenes Thema in Angriff. Mozart zeigte sich immer mehr interessiert und sagte schließlich zu einigen Freunden, die im Nebenzimmer saßen: »Behaltet ihn im Auge; eines Tages wird die Welt von ihm reden.«

—

Beethovens Mutter starb kurz nach seiner Rückkehr nach Bonn, und er musste für die nächsten 4 Jahre gezwungenermaßen in Bonn bleiben. Da sein Vater zunehmend ein hoffnungsloser Alkoholiker wurde, musste ihn Beethoven als Ernährer der Familie ersetzen. Er war nun für die Erziehung seiner jüngeren Brüder verantwortlich – eine ziemlich schwere Bürde für solch einen jungen Mann!

Wer möchte schon Bratschist sein?

Während dieser Zeit war Beethoven hauptberuflich Bratschist im Hoforchester. Eine erstaunliche Anzahl großer Komponisten hat Bratsche gespielt (ebenso wie meistens auch Tasteninstrumente) – dazu gehörten Bach, Mozart und Haydn sowie viele spätere Komponisten, wie die berühmten Komponisten des 19. Jahrhunderts, Schubert und Mendelssohn, und die beiden aus dem 20. Jahrhundert, Benjamin Britten und Paul Hindemith. Die Bratsche gehört zur Familie der Geige, wird wie eine Geige unter dem Kinn gehalten, ist jedoch größer und hat eine tiefere Tonlage. Ich glaube, diese Komponisten spielten in der Kammermusik gern die mittlere Stimme, so konnten sie alles hören, was um sie herum vor sich ging. Heute sind seltsamerweise Bratschen – oder eher Bratschisten, also jene, die Bratsche spielen – aus irgendeinem Grund Zielscheibe von vielen Witzen, die sie (ganz ungerechtfertigt) als begriffsstutzig hinstellen. Zum Beispiel:

Ein Bratschist findet, dass er genug von diesen Bratschenwitzen hat und möchte stattdessen Geige spielen. Daher geht er in einen Laden und sagt: »Ich möchte gern eine Geige kaufen.« Der Ladenbesitzer sieht ihn an und sagt: »Es tut mir leid, aber wir haben keine an Lager. Sind Sie zufällig ein Bratschist?« – »Ähm – ja«, antwortet der Bratschist. »Woher wissen Sie das?« – »Mein Herr«, klärt ihn der Ladenbesitzer sachte auf, »dies hier ist ein Fastfood-Restaurant.« Haha. Ha? Nun gut, ich dachte, es sei lustig … Also – zurück zu Beethoven.

—

1792 reiste der große Komponist Joseph Haydn (Mozarts alter Freund) durch Bonn, wo ihm einiges von Beethovens Werken gezeigt wurde; er muss beeindruckt gewesen sein (nicht erstaunlich), denn er nahm Beethoven als Schüler an. Später in jenem Jahr folgte Beethoven Haydn nach Wien, großzügig unterstützt vom Kurfürsten von Bonn. Diese zweite Reise war für ihn die Gelegenheit, die vergleichsweise kleine Stadt Bonn für immer zu verlassen und sein Glück in der großen weiten Welt zu suchen. Er würde den Rest seines Lebens in Wien verbringen – auch wenn er nie aufhörte, sich über die Wiener und ihre fehlende Wertschätzung für seine Musik zu beschweren! Vater Johann starb Ende jenes Jahres, und die beiden Brüder folgten Beethoven nach Wien; Kaspar Karl wurde Bankangestellter, Johann Niklaus Apotheker. (Ihre Anwesenheit in Wien war für Beethoven ein zweifelhaftes Vergnügen, denn er lag mit ihnen ständig im Streit und konnte keine seiner Schwägerinnen ausstehen.)

Bei seiner Ankunft in der Großstadt war Beethoven gewillt, so hart wie möglich zu arbeiten, um ein großer Musiker zu werden; doch dem Unterricht bei Haydn war kein großer Erfolg beschieden – Beethoven wird nicht einfach zu unterrichten gewesen sein! Es gelang ihm jedoch sehr schnell, sich selbst einen Ruf als Pianist und Komponist zu schaffen. Er gab viele Konzerte für den musikbegeisterten Wiener Adel, bei dem einige private Orchester und sogar Operntruppen beschäftigt waren. Um seinen Lebensunterhalt zu verdienen, musste er unterrichten – nicht wirklich eine klasse Idee. Seine Schüler enttäuschten ihn in seinen Erwartungen sehr – so sehr, dass er einem von ihnen in die Schulter biss! In späteren Jahren richteten ihm drei Wiener Adelige ein Jahresgehalt aus, sodass er sich nicht mehr zu sehr um Geld sorgen musste und seine ganze Zeit dem Schreiben jener Musik widmen konnte, die er gern schreiben wollte. (Beethoven sorgte sich aber trotzdem weiter. Ständig plagten ihn Geldprobleme, und er konnte mit Geld nicht vernünftig umgehen; die Tatsache, dass einer von den Adeligen bei einem Reitunfall getötet wurde und der andere bankrottging, kurz nachdem sie ihm das Gehalt zugesagt hatten, war dabei keine große Hilfe!)

Welch sentimentale Narren!

Beethovens frühe Konzerte haben sich von den heutigen Konzerten stark unterschieden. Zum einen wurden die meisten nicht in Konzertsälen gegeben, sondern in den prachtvollen Residenzen der Fürsten, Grafen usw; das Publikum, das nur aus adeligen Damen und Herren bestand, wurde jeweils speziell dazu eingeladen. Beethoven führte manchmal Werke von anderen Komponisten auf, wie Bach oder Mozart, stellte aber auch seine neuesten Kompositionen vor; zu jener Zeit war er aber vermutlich am bekanntesten für seine Improvisationen. Jemand gab ihm ein Thema vor, und er entwickelte es zu einem ganzen Stück. Er war dabei so unglaublich, dass er seine Zuhörer leicht zu Tränen rühren konnte; wenn er jedoch bemerkte, dass sie weinten, neigte er dazu, sie auszulachen oder wirklich wütend zu werden und sie als sentimentale Dummköpfe zu beschimpfen!

Gelegentlich kam ein anderer »virtuoso« (d.h. brillanter) Pianist und Komponist nach Wien und feierte große Erfolge. Hielt Beethoven andere Musiker für gut, so war er mit ihm oder mit ihr sehr freundlich; als er beispielsweise auf den bekannten Komponisten Weber (ein Cousin von Mozarts Ehefrau Constanze) traf, überraschte er ihn damit, dass er ihn wiederholt umarmte, noch bevor sie einander vorgestellt worden waren, und zu ihm sagte, er sei ein »Teufelskerl«! Doch hielt er nicht viel von einem Neuling, so sagte er dies nicht undeutlich und stellte vielleicht gar unter Beweis, wer hier der Meister war. Einmal kam eine solche Person aus Paris und spielte ein Quintett, das er geschrieben hatte, und zusätzlich eine »Improvisation« (vielleicht nicht so sehr improvisiert) über ein Thema, das Beethoven in einer seiner Kompositionen benutzt hatte. Beethoven sah dies als eine Beleidigung an; er schlurfte zum Klavier, schnappte sich die Noten der Cellostimme des Quintetts dieses Emporkömmlings, stellte sie kopfunter auf den Notenständer des Klaviers, hämmerte mit einem Finger davon einige Töne in die Tastatur und konstruierte aus diesen Tönen eine solch atemberaubend schöne Fantasie, dass das Publikum nur staunen konnte – und es gab weit und breit kein Anzeichen seines »Rivalen«, da dieser wutentbrannt davongerauscht war. Ha!

—

Mit 30 musste Beethoven seinen engsten Freunden gegenüber bekennen, dass er ertauben würde. Er ließ sich von seinem Freund Johann Nepomuk Mälzel ein riesiges Hörrohr anfertigen (jener hat auch das Metronom erfunden, ein tickendes Gerät, das uns heute hilft, beim Musizieren im Takt zu bleiben); doch auch das half nichts. 1802 schrieb er ein Testament in Form eines zutiefst ergreifenden Briefs an seine Brüder, in dem er ihnen mitteilte, wie sehr er unter seiner Hörbehinderung leide. Da der Brief in einem kleinen Dorf namens Heiligenstadt etwas außerhalb von

Wien geschrieben wurde (Beethoven verbrachte jedes Jahr immer mehrere Monate auf dem Land), ist dieser Brief als Heiligenstädter Testament bekannt. Sein Hörvermögen wurde ständig geringer, bis er nur noch ein ständiges Sausen und Brausen in den Ohren hatte; und schließlich, während der letzten 9 Jahre seines Lebens, hörte er praktisch nichts mehr – nur Stille.

Aufgrund seines Gehörleidens …

… musste er sich langsam von seinen öffentlichen Auftritten als Pianist zurückziehen; er konnte nicht mehr hören, ob er die richtigen Töne spielte. Er dirigierte jedoch bis fast an sein Lebensende weiterhin seine eigenen Orchesterkompositionen; dies führte zu einigen sehr peinlichen Augenblicken. Er war wahrscheinlich ohnehin nie ein großartiger Dirigent gewesen, doch nachdem er sein Hörvermögen verloren hatte, wurde sein Dirigieren zu einem regelrechten Fiasko. So wie Beethoven eben war, musste alles mit übertriebener Gestik erfolgen. Wollte er, daß das Orchester leise spielte, war es möglich, dass er unter seinen Notenständer kroch; wollte er es einen lauten Akkord spielen lassen, sprang er plötzlich in die Luft. Da es für ihn schwierig war zu erkennen, was das Orchester gerade spielte, verlor er manchmal den Faden und sprang in der Mitte einer wunderschönen, leisen Stelle hoch in die Luft! Oje …

—

Beethoven hat nie geheiratet, doch er hatte sicherlich ein »Auge für die Frauen«; er hatte oft sogar 4 Augen für die Frauen, denn sah er auf der Straße eine attraktive Frau, so holte er jeweils seine Brille hervor und betrachtete sie ganz gründlich, während sie vorüberging. (Ich bin erstaunt, dass ihm niemals eine Frau eine runtergehauen hat!) Er verliebte sich ständig unsterblich und machte mehreren Frauen einen Heiratsantrag; doch aus den verschiedensten Gründen hat es nie geklappt. Einige von ihnen wiesen ihn zurück, weil sie ihn für verrückt hielten; andere waren bereits verheiratet; und einige waren tatsächlich in ihn verliebt, doch kamen sie aus adeligen Familien, die sie keinen einfachen Komponisten heiraten ließen! In der Tat gab es darüber etwas Verwirrung; ein »von« vor einem deutschen Familiennamen bedeutet ja, dass diese Person aus einer adeligen Familie stammt; in den Niederlanden hingegen hat ein »van« nicht diese Bedeutung. Beethoven hatte niederländische Vorfahren, was das »van« erklärt. Einige eingebildete Leute dachten, er hieße Ludwig von Beethoven und waren sehr enttäuscht, als sie seinen wahren Namen erfuhren. Ein albernes Gerücht, wonach er ein unehelicher Sohn von König Friedrich dem Großen und sein Genius damit zu erklären sei, machte sogar die Runde! Ich frage mich ja, was Beethovens Mutter davon gehalten hätte?!

Ein Liebesbrief ...

Zwischen den Papieren, die Beethoven nach seinem Tod hinterließ, war ein Brief von ihm, der als Brief an die »Unsterbliche Geliebte« berühmt wurde. Es ist ein wunderschöner leidenschaftlicher Brief an eine Frau, die er offensichtlich verehrt hatte, und dem vertrauten Ton des Briefs nach zu schließen, scheint sie ihn auch verehrt zu haben. Obwohl es viele Theorien gibt, weiß niemand sicher, wer die »Unsterbliche Geliebte« wirklich war – ein faszinierendes Rätsel.

—

Als Wien 1805 von der französischen Armee besetzt wurde, saß Beethoven in der Stadt fest. Er hatte schreckliche Angst vor den Bomben (vielleicht waren sie für seine kranken Ohren besonders schmerzvoll?) und eilte jeweils in den Keller seines Bruders Kaspar Karl und vergrub dort unten seinen Kopf in Kissen, um den Lärm zu ersticken. Nur eine Woche nachdem die Franzosen einmarschiert waren, wurde Beethovens einzige Oper, die er

Leonore nannte, zum ersten Mal aufgeführt – eine lausige Planung! Die meisten seiner Gönner hatten sich hastig auf dem Land in Sicherheit gebracht, deshalb hatte die Oper nicht sehr viel Publikum – oder viel Erfolg. Später berief einer von Beethovens Gönnern in seinem Haus eine Konferenz ein, bei der viele Vertreter der Künste Beethoven Vorschläge machten, wie er die Oper verbessern könnte. Beethoven war äußerst beleidigt – nicht wirklich überraschend; doch schließlich brachte er viele Änderungen an und schrieb unter anderem 4 völlig verschiedene Ouvertüren, bevor er zufrieden war, und änderte den Namen in *Fidelio*. Sie gilt heute als eine der großartigsten Opern.

Beim Kaiser die Beherrschung verloren ...

Die französische Armee wurde vom berühmten Napoleon angeführt. Zuerst war Beethoven von Napoleon, der aus sehr einfachen Verhältnissen zum mächtigsten Mann in Europa aufgestiegen war, sehr beeindruckt. Beethoven war der Meinung, dass alle Menschen gleich geboren wurden (deshalb wählte er, als er seine neunte Symphonie mit Gesang versah, einen Text mit der Grundaussage, dass »alle Menschen Brüder« seien) und stand dem Konzept Aristokratie kritisch gegenüber, auch wenn sie ihn unterstützte. Daher mochte er die Vorstellung, dass Napoleon, obwohl von niedriger Geburt, ohne einen hochtrabenden Titel zum Herrscher der Franzosen wurde. Beethoven plante, seine dritte Symphonie, später *Eroica* genannt, Napoleon zu widmen; doch dann krönte sich Napoleon selbst zum Kaiser von Frankreich. Beethoven war höchst empört und schrie: »Nun wird auch er alle Menschenrechte mit Füßen treten und nur seinem Ehrgeize frönen!« Er nahm die Titelseite der Symphonie mit der Widmung, zerriss sie und schleuderte sie auf den Boden. Ein Exemplar der Symphonie existiert noch, bei der der Name Napoleons energisch durchgestrichen wurde – ein ziemlich bewegender Anblick!

—

1815 starb Beethovens Bruder Kaspar Karl und ernannte Beethoven zum Vormund seines 9-jährigen Sohnes Karl; unglücklicherweise bat er ihn, die Verantwortung mit der Mutter des Jungen, Johanna, zu teilen – sie und Beethoven hassten einander. »Gott gebe, dass sie einträchtig sind, zum Wohle meines Kindes«, schrieb Kaspar Karl in seinem Testament. Schön wär's gewesen. Daraus ergab sich eine große Auseinandersetzung, die sich über Jahre hinzog und Beethoven in mühseliges rechtliches Gezänke verwickelte. Das war wohl die dunkelste Zeit in Beethovens Leben. Er war so vom Kampf um den kleinen Karl besessen, dass es ihm während zweier Jahre fast unmöglich war zu komponieren.

Doch für Karl …

… war das Leben auch nicht einfach; das Hinundhergerissenwerden zwischen seinem herrischen Onkel und seiner manipulativen Mutter verwirrte ihn völlig und machte ihn ganz unglücklich. Schließlich versuchte Karl 1826, sich mit 2 Pistolen zu erschießen; zum Glück war er ein schlechter Schütze und überlebte mit ziemlich leichten Verletzungen. Beethoven war am Boden zerstört und erkannte wahrscheinlich, dass seine Eifersucht und sein besitzergreifendes Handeln bei Karls Elend eine sehr große Rolle gespielt hatte; kurz nach diesem Vorfall traf ein Freund auf Beethoven und sagte, er sähe wie ein 70-Jähriger aus. Doch wenigstens hatte Karl überlebt; und als Beethoven starb, erbte Karl den gesamten Besitz. Auf seine unmöglich übertriebene Art liebte Beethoven den Jungen wirklich.

—

Von 1817 an stürzte sich Beethoven mit aller Macht wieder aufs Komponieren. Aus den 10 letzten Jahren seines Lebens stammen einige seiner größten Werke – sogar ein Teil der großartigsten Musik, die je geschrieben wurde. Dazu gehören seine letzten drei Klaviersonaten, die neunte Symphonie und die *Missa Solemnis*; und zu guter Letzt fasst eine Reihe von Streichquartetten sein Leben voller Freude, Leiden und Resignation zusammen. Obwohl viele Leute Beethovens außergewöhnliches Spätwerk für schwer verständlich hielten – er war von der Musik der meisten seiner Zeitgenossen um Lichtjahre entfernt –, wurde doch allgemein erkannt, dass er der größte lebende Komponist war. 1824, bei einem seiner letzten Konzerte, dirigierte er die Uraufführung seiner neunten Symphonie und drei Sätze aus der *Missa Solemnis*. Nach der Aufführung blieb er stehen und blätterte durch die Partitur, bis ihn einer der Sänger am Ärmel zog und hinter sich deutete; er drehte sich um und bemerkte, dass das Publikum aufgestanden war und ihm zujubelte. Beethoven hatte gar nichts davon gehört.

Eine lebende Erinnerung …

Es scheint alles so lange her – immerhin starb Beethoven 1827. Doch eine kleine Geschichte scheint mir alles viel näher zu bringen: Mein Vater, der 1917 in Russland geboren wurde, übersiedelte 1923 mit seinen Eltern nach Wien. Er erinnert sich noch dunkel an eine Wohnungsbesichtigung und an eine 102-jährige Vermieterin, die ihm die Haare zerzauste. Mein Großvater erkannte die Adresse des Mehrfamilienhauses wieder. »War das nicht eines der Häuser, in dem Beethoven gegen Ende seines Lebens wohnte?«, fragte er. Die alte Vermieterin machte ein angewidertes Gesicht. »Ach!«, rief sie, »ich erinnere mich sehr gut; er war ein widerlicher alter Mann – er spuckte immer auf den Boden!« Hmm … nun ja, es stimmt, dass er die bedauerliche Angewohnheit hatte, aus dem Fenster zu spucken; dabei verfehlte er oft das Fenster oder hielt den Spiegel für das Fenster; aber dennoch – nicht gerade eine schöne Geschichte, um sich an ihn zu erinnern. Doch zumindest lernte mein Vater jemanden kennen, der

Beethoven getroffen hatte, und irgendwie scheint dies den großen Mann (Beethoven meine ich, nicht meinen Vater!) näher an unsere Zeit zu bringen.

—

Gegen Ende des Jahres 1826 holte sich Beethoven, dessen grundsätzlich kräftige Konstitution durch die jahrelange Krankheit geschwächt war, eine hartnäckige Erkältung; er wurde sie nicht los und stattdessen immer schwächer. Immerhin geschah noch etwas sehr Schönes an seinem Totenbett: Die Philharmonische Gesellschaft in London sandte ihm, als sie von seinem Zustand erfuhr, hundert britische Pfund – damals recht viel Geld –, um ihn von seinen Geldsorgen zu befreien. Beethoven war außer sich vor Freude, doch dies war einer seiner letzten glücklichen Augenblicke. Er starb am 26. März 1827, während eines heftigen Gewitters. Es wird gesagt, dass die Leute, die um sein Bett herum standen, ihn durch die Blitze erleuchtet im Bett aufsitzen und seine Faust drohend gegen den Himmel erheben sahen, bevor er zum letzten Mal in seine Kissen sank.

Ein endgültiger Abschied …

Damals lebten nur etwa 250 000 Leute in Wien – etwa rund 6-mal weniger als heute. Bei Beethovens Beerdigung säumte eine riesige Menschenmenge die Straßen, um dem großen Meister Adieu zu sagen. Es wird angenommen, dass rund 20 000 Leute erschienen – das wären bei heutigen Verhältnissen 120 000! Wirklich beeindruckend …

ROBERT SCHUMANN
(1810–1856)

Robert Schumann ist eines meiner größten Idole; ich mag ihn sehr! Ich mag seine Musik, ich mag seine Aufsätze und ich mag seinen Charakter. Aber ich hätte nie mit ihm im selben Haushalt wohnen können; er war unmöglich! Das Problematische bei ihm war, dass er nie normal gewesen ist; entweder war er so glücklich, dass er kaum reden konnte, oder so traurig und bedrückt, dass er überhaupt nicht reden konnte. Reden war überhaupt nicht seine Stärke. Einmal wollte er zum Beispiel eine seiner neuen Symphonien aufführen lassen, deshalb besuchte er seinen Freund Ferdinand David, einen Geiger und Dirigenten. Die beiden Männer saßen einander etwa eine Stunde lang schweigend gegenüber, während der arme Herr David zu erraten versuchte, was Schumann wollte. Als er es schließlich herausgefunden hatte, willigte er ein, die Symphonie zu dirigieren. Schumann war glücklich und machte mit Handzeichen deutlich, dass er die Musiker selbst bezahlen wolle. Nachdem er sich so mitteilungsfreudig gegeben hatte, fand er offensichtlich, er hätte seinen Teil getan, denn er fiel wieder ins Schweigen zurück, rauchte zwei Zigarren (Schumann liebte Zigarren), wollte etwas dazu sagen (doch dabei kam nichts heraus, da er sich im entscheidenden Moment mit der Hand über den Mund fuhr) und stand dann zum Gehen auf. Er nahm seinen Hut, ließ seine Handschuhe zurück, nickte, ging zur falschen Tür, konnte nicht hinaus, geriet in Panik, fand die richtige Türe und verschwand – und Herr David fragte sich wahrscheinlich, von welchem Planeten sein Besucher gekommen war!

Obwohl er eigentlich sehr attraktiv war – zumindest in jungen Jahren –, sah Schumann zeitweise äußerst seltsam aus. Er rauchte während des Komponierens gern Zigarren, doch dabei geriet ihm der Rauch in die Augen, und das mochte er nun überhaupt nicht. Daher schob er seinen Mund so weit wie möglich nach vorne, sodass der Rauch weit weg von ihm hochstieg. Die Noten, die er gerade komponierte, pfiff oder summte er gern; doch das war schwierig mit einer Zigarre im Mund und seinen so weit nach vorne geschobenen Lippen; so kam es, dass er komische Geräusche von sich gab und noch komischere Gesichter schnitt – wiederum wie eine Kreatur von einem anderen Planeten.

Eigentlich lebte er meistens auf einem anderen Planeten oder wenigstens in einer andern Welt. Er hatte Mühe festzustellen, was im wirklichen Leben vor sich ging, da sein Kopf von seinen Träumen, seinen Fantasien und seiner Poesie so voll war. Bücher liebte er genauso sehr wie Musik; seine Lieblingsbücher waren Romane über Menschen hinter seltsamen Masken, Leute, die sich in furchterregende Gestalten verwandeln, Liebende, die sich weigerten, voneinander zu lassen, auch nicht im Tod. Schumann war ein sogenannter »romantischer Künstler« – alles, was er schrieb oder auch nur dachte, schien aus einer anderen Welt zu stammen, die schöner, dramatischer und märchenhafter war als unsere. Doch in gewissen Dingen war er erstaunlich praktisch. Er führte zum Beispiel ein Haushaltsbuch, worin er akribisch genau aufschrieb, was er verdiente oder ausgab; er war wirklich ein seltsamer Mix.

Vielleicht erbte er diese Kombination aus romantischen Träumen und präzisen Details von seinem Vater, August Schumann. August war Verleger, Buchhändler und Schriftsteller. Die Bücher, die er schrieb, reichten von Romanen voller übernatürlicher Rätsel und Liebe bis zu seinem »Vollständigen Staats-, Post- und Zeitungslexikon« von Sachsen – einem Buch, das alle Betriebe seiner Region in Deutschland (also Sachsen) auflistete. Schumanns Vater hat eigentlich eine frühe Version der »Gelben Seiten« zusammengestellt!

August starb, als Robert 16 war, und er war der liebevollen Fürsorge der Mutter überlassen; diese meinte es zweifellos gut, aber sie ging einem manchmal auf den Wecker. Sie besaß Schumanns depressive Veranlagung, aber nichts von seinem kreativen Feuer und der explosiven Energie. Alles, was Schumann machte, konnte dazu führen, dass seine Mutter in Tränen aufgelöst in ihrem Armsessel Zuflucht suchte. Erst zwang sie ihn, Jura zu studieren, obwohl er unbedingt Dichter oder Musiker werden wollte. (Offenbar fürchtete sie, er wäre ohne einen »richtigen« Beruf nicht in der Lage, sich seinen Lebensunterhalt zu verdienen.) Dann, als er beinahe 19 war, lernte Schumann den Klavierlehrer Friedrich Wieck kennen, der Schumann und seiner Mutter sagte, er könne Robert unterrichten und ihn zu einem großen Pianisten machen. Diese Nachricht beförderte seine Mutter für Tage in ihren Armsessel, doch schließlich gab sie nach. Als Robert danach tatsächlich bei Wieck einzog und sich der strengen Disziplin des Lehrers unterwarf, zog sich die Mutter wieder in ihren Armsessel zurück; sie war der Meinung, dies sei nicht das Richtige für ihren Robert. Selbst wenn ihr Robert einen glücklichen Brief schrieb, erinnerte es sie daran, wie traurig der letzte geklungen hatte oder wie vergleichsweise traurig sie war – und so zog sich Frau Schumann einmal mehr in ihren Armsessel zurück …

Denke dir, Wieck war ein bisschen des Guten zu viel. Vielleicht wäre es gar einfach zu sagen, er sei ein ganz fieser Kerl gewesen, doch er war sicher kein ganz netter Kerl. Er hatte eine Tochter namens Clara, die 11 Jahre alt war, als Schumann bei ihnen als Untermieter einzog; sie war bereits eine ausgezeichnete Pianistin und der Stolz ihres Vaters. Wieck hatte zudem einen Sohn, den 9-jährigen Alwin, einen Geiger, aber weit weniger brillant als seine Schwester. Einmal spielte Alwin seinem Vater etwas ziemlich schlecht vor. Wieck schlug ihn zu Boden, riss ihn an seinen Haaren und schrie ihn an. Clara setzte sich einfach leise lächelnd ans Klavier und begann zu spielen, perfekt wie immer. Schumann, der diese Szene beobachtete, war äußerst schockiert. »Bin ich unter Menschen?«, fragte er sich.

Andererseits war Wieck sehr nett zu Schumann, und Clara noch viel netter. Wenn Schumann spazieren ging, starrte er in die Luft, erfüllt von seinen üblichen Träumen von Blumen und Bäumen, Vögeln und Bienen (na ja, vielleicht war's ja etwas poetischer als das!); Clara ging gewöhnlich hinter ihm, sah auf den Boden – und immer, wenn ein großer Stein vor ihnen auftauchte, zog sie Schumann zur Warnung an seinem Hemd. Ein gutes Abkommen – jedenfalls für ihn ... Und dann geschah etwas Seltsames: Clara wurde erwachsen. Plötzlich merkte Robert, dass sie richtig hübsch war – und eines Tages küsste er sie leidenschaftlich. (Falls du das nicht magst, möchte ich mich entschuldigen – du kannst diesen Teil auslassen, wenn du willst. Einmal sah ich mit meinem Sohn im Kino einen Abenteuerfilm: Ich befürchtete, dass die gewalttätigen Szenen ihn aus der Fassung bringen könnten, doch sie schienen ihn nicht zu stören. Als es jedoch zu einer Kussszene kam, verbrachte er die nächsten 5 Minuten stöhnend mit den Händen vor seinen Augen. Ein bisschen verkehrt, aber lassen wir das.) Item, Clara wurde beinahe ohnmächtig (gut, dass sie es nicht wurde; sie standen gerade auf Steinstufen, sie hätte ihren Kopf aufschlagen und alles verderben können). Clara verliebte sich wahnsinnig in Robert, und er sich in sie, und alles war rosig und wunderbar.

Mit einer Ausnahme – Wieck. Er drehte durch! Er wollte, dass seine Tochter die berühmteste Pianistin auf der ganzen Welt wurde, auf Tournee ging und dabei große Honorare einstrich (die er einsacken würde) und schließlich vielleicht einen Fürsten heiraten würde – solange dieser Fürst reich war. Eine Heirat mit diesem jungen Klugscheißer Robert Schumann, der nicht viel Geld besaß, zu viel trank (Schumann war ziemlich süchtig nach

Champagner und Bier und nach einem Gemisch aus beidem zusammen – igitt!) und insgesamt so eigenartig war, dass man es gar nicht in Worte fassen konnte, stand garantiert nicht auf der Tagesordnung. Daher verbot er dem Liebespaar, sich zu sehen.

Schumann war nicht der Typ, der so etwas auf die leichte Schulter nahm. Eine Haltung wie »Na ja, mit Clara ist nix, nächstes Mal mehr Glück« entsprach nicht seinem Naturell. Er verfiel in große Trübsal; und wie um noch einen draufzusetzen, wollte er sich als Pianist so verzweifelt verbessern, dass er einen Fingerstärkungsapparat erfand, der seine Hand ruinierte – und er nicht mehr Klavier spielen konnte! Handkehrum (sozusagen) setzten bei seinen Kompositionen und Schriften die ersten Erfolge ein. Früher bestanden seine Schriften gewöhnlich aus schrecklichen Geschichten über Skelette, Grabsteine und bleiche Jungfrauen, die in ihren Nachthemden im Dunkeln umherrannten; und seine Musik hatte oft wie Filmmusik zu diesen Geschichten geklungen. Doch nun gründete er eine angesehene Musikzeitung und schrieb sonderbare, aber exzellente Artikel über Musik, die ihn als Kritiker berühmt machten. Und er ließ seine Liebe für Clara in eine Reihe herrlicher Stücke für das Klavier einfließen – jenes Instrument, das sie so wunderbar spielte und das er nie wieder wirklich würde spielen können.

Die arme Clara stand zwischen ihrem drangsalierenden Vater, der für Jahre ihr einziger Einfluss gewesen war (die Mutter hatte sich, verständlicherweise, schon einige Zeit zuvor mit einem anderen Mann aus dem Staub gemacht), und dem neurotischen, aber liebenswürdigen Robert. Manchmal fand sie, dass der eine recht hätte, dann wieder der andere. Da sie sich nicht sehen durften, schrieben sie sich ständig. In einigen ihrer Briefe steht, dass sie Robert liebe und ohne ihn nicht leben könne; dann war er so glücklich, dass er ein neues Musikstück schreiben musste, das mit geheimen Nachrichten an sie gespickt war. In einigen ihrer anderen Briefe hingegen sorgte sie sich, dass Robert nicht genügend Geld für ihren gemeinsamen Lebensunterhalt verdienen würde, dass seine Musik fürs Publikum zu schwer verständlich wäre und dass sie ihren Vater nicht im Stich lassen könne. Natürlich akzeptierte Robert ihre Argumente ruhig und vernünftig; er drohte nur damit, sich umzubringen. Schließlich wurde die Situation so unerträglich, dass das Liebespaar Wieck verklagte und das Gericht um eine Heiratserlaubnis ersuchte. Sie gewannen, Wieck schmollte jahrelang, und für Robert und Clara läuteten die Hochzeitsglocken. Er war dreißig; ihr 21. Geburtstag war am Tag nach der Hochzeit. Alles in allem hatten sie ziemlich viel zu feiern! So schien es wenigstens.

Die Ehe des jungen Paares begann euphorisch; doch bald tauchten überall Probleme auf. Das Hauptproblem war, dass Clara weiterhin Konzerte geben wollte, während Robert darauf bestand, daß sie zu Hause blieb, Kinder bekam und sich um sie und ihn kümmerte. Es muss für sie furchtbar frustrierend gewesen sein – einer der besten Pianistinnen der Welt (und einer ebenfalls sehr talentierten Komponistin) war Reisen und Auftreten nicht erlaubt, nicht einmal in die Nähe des Klaviers durfte sie, während ihr Ehemann am Komponieren war (und das dauerte manchmal den ganzen Tag), da ihn der Lärm ablenkte. Auch für ihn war es nicht lustig; natürlich fühlte er sich wegen seines egoistischen Benehmens schuldig – doch er brauchte zu Hause Ruhe, wenn er überhaupt etwas erreichen wollte. Er hasste Reisen und konnte überhaupt nicht komponieren, während er weg war; auch mochte er es überhaupt nicht, wie ein unnützes Anhängsel seiner berühmten Frau behandelt zu werden – und in diesen Tagen schickte es sich nicht, wenn eine Frau ohne ihren Mann verreiste. Was konnten sie dagegen tun? Na ja, irgendwie wurden sie damit fertig; doch Clara war gewöhnlich frustriert, und Robert war oft furchtbar deprimiert. Sie blieben allerdings zusammen und hatten 7 Kinder (wovon nur eines sehr jung starb – die Überlebensrate hatte sich seit den Zeiten von Bach und Mozart verbessert); zeitweilig waren Robert und Clara sehr glücklich.

Doch Schumann wurde noch komischer. Mit 40 erhielt er seine erste richtige Stelle: Musikdirektor in Düsseldorf. Toll in der Theorie – ein Desaster in der Praxis. Zum einen musste er das dort ansässige Orchester und den Chor dirigieren; und Dirigieren, also den Leuten zeigen, wie sie zu spielen hatten, war nie seine Stärke. In der Mitte eines Stücks konnte er zu träumen beginnen, und die Aufführung kam zum Stillstand; er beschwerte sich darauf, dass die Hörner zu leise spielten, und jemand musste ihm dann vorsichtig sagen, dass die Hörner noch gar keinen Ton gespielt hätten, da er vergessen hatte, ihnen den Einsatz zu geben. Er ließ ständig seinen Taktstock fallen (den kleinen Stock, mit dem Dirigenten den Takt angeben); schließlich musste er ihn an seinem Handgelenk festbinden – das muss ja äußerst merkwürdig ausgesehen haben! Er hätte auch als Salonlöwe eine gute Figur machen müssen und mit den wichtigen Persönlichkeiten der Stadt auf gutem Fuß stehen; vergiss es – das war gar nicht Schumanns Stil. Es fiel ihm immer schwerer, mit Leuten zu sprechen; er saß jeweils dort und hatte seine Lippen zu einem stillen Pfeifen gespitzt und schien gar nicht zu merken, dass jemand versuchte, mit ihm ins Gespräch zu kommen. Daher ist es vielleicht nicht überraschend, dass die Leute von Düsseldorf fanden, ihre schöne Stadt wäre ohne Schumann als Musikdirektor noch schöner; und sie sagten ihm, dass sie ihn nicht mehr haben wollten. Schumann war höchst empört – und Clara ebenfalls; im Grunde genommen war es eine Katastrophe, und Untergangsstimmung machte sich breit.

Doch während dieser Zeit geschah eines Tages etwas Schönes: Ein junger Mann kam sie besuchen – und die gesamte Familie Schumann verliebte sich in ihn. Die Kinder liebten ihn, weil er plötzlich außergewöhnlich akrobatische Kunststücke auf der Treppe über ihren Köpfen vorführen konnte, von Geländer zu Geländer hüpfte und sie vor Entzücken staunen ließ. Ihre Eltern liebten ihn auch – Robert, weil der junge Mann ein erstaunlicher Komponist und voller poetischer Fantasie war, wie er in diesem Alter, und Clara, weil er ein erstaunlicher Komponist war … und zudem ein erstaunlich gut aussehender. Sein Name war Johannes Brahms, und er würde einer der größten Komponisten überhaupt werden – so groß, dass das nächste Kapitel ihm ganz allein gewidmet ist. An diesem Punkt stand er jedoch erst am Anfang, und Schumann war der Erste, der sein Genie erkannte. Im Gegenzug wurden Brahms und der gemeinsame Freund, der ihn der Familie vorgestellt hatte, der berühmte Geiger Joseph Joachim, den Schumanns gute Freunde in schwierigen Zeiten, denn am Horizont brauten sich bereits große Schwierigkeiten zusammen.

Um diese Zeit herum fertigte ein Kunstmaler Zeichnungen von Brahms und Schumann an. Brahms ist darauf außerordentlich gut aussehend, feinfühlig – fast noch ein Kindergesicht. Mit seinen 20 Jahren hatte er den Stimmbruch noch nicht ganz hinter sich und musste sich kaum rasieren. Im Gegensatz dazu sieht Schumann ganz beunruhigend aus: Er ist dick, seine Augen haben eine eigenwillige Form, und er blickt verwirrt. (Am unteren Rand der Zeichnung steht die Geigenstimme aus dem Anfang des langsamen Satzes aus seinem ersten Klaviertrio – etwas vom Traurigsten, was er je schrieb, wie ein Klangporträt von Depression und Einsamkeit.) Sein sonderbares Verhalten entwickelte sich zu mehr als bloßer Überspanntheit; nun hörte er Stimmen in seinem Kopf. Manchmal sangen sie wunderschöne Musik; einmal stand er mitten in der Nacht auf, überzeugt, dass ihm Engel eine herrliche Melodie diktiert hätten. Er schrieb sie auf und begann auf der Grundlage dieser Melodie ein Stück zu schreiben. Es ist ein ergreifendes, leises Stück, voller Abschiedstrauer; doch merkwürdig ist, dass er nicht realisierte, dass er die »engelhafte« Melodie vor Jahren selbst komponiert und seither immer wieder verwendet hatte.

Er wurde verrückt – das war die furchtbare Wahrheit. Manchmal wurden die Stimmen in seinem Kopf gemein und behaupteten, er sei ein großer Sünder und ein schlechter Komponist; sie spielten ihm grässliche Musik vor. Er sorgte sich, dass er in einem Wahnsinnsanfall Clara gegenüber gewalttätig werden könnte, und obwohl er mit Sorgfalt beobachtet wurde, konnte er eines Tages aus dem Haus entwischen und hinunter an den Rhein gelangen, der durch Düsseldorf fließt (dieser Fluss hatte ihn zu einem seiner berühmtesten Werke inspiriert, der *Rheinischen Symphonie*). Fast 20 Jahre zuvor hatte er während eines Streits mit Clara gedroht, den Verlobungsring, den sie ihm geschenkt hatte, in den Rhein zu werfen und sich selbst hinterher; nun führte er diese schreckliche Drohung aus. Zuerst warf er den Ehering hinein – mindestens wird vermutet, dass es so passiert ist; obwohl ihn niemand es tun sah, war der Ring sicher seit diesem Tag verschwunden und wurde nie wiedergefunden. Was danach geschah, wissen wir: Schumann kletterte über eine Reihe Boote, die eine Brücke über den Fluss bildeten – und fiel ins eiskalte Wasser. Einige Fischer sahen ihn und eilten herbei, um ihn herauszuziehen. Er versuchte, sich nochmals hineinzustürzen, doch sie waren stärker als er, und schließlich brachten sie ihn nach Hause, wobei sie ihren Weg durch eine Menschenmenge bahnen mussten, die gerade Karneval feierte. (Eines seiner berühmtesten Stücke heißt *Carnaval*; ein fröhliches Werk für Klavier; was für eine traurige Ironie!) Wieder zu Hause, gewöhnte er sich etwas ein und vollendete sogar die Variationen über die engelhafte Melodie, die er ein paar Tage zuvor begonnen hatte; doch er war wirklich verzweifelt. Schließlich traf er die Entscheidung, in eine Nervenheilanstalt zu gehen. Clara flehte ihn an, sie nicht zu verlassen; doch er sagte ihr, dass er es tun müsse und dass er bald geheilt zurückkehren würde.

Und so stieg Schumann, von zwei Aufsehern und einem Arzt flankiert, in eine Pferdekutsche, ohne sich von Clara oder von seinen Kindern, die er niemals wiedersehen würde, verabschiedet zu haben. Er ließ sich in eine Anstalt einweisen, die ziemlich weit von Düsseldorf entfernt lag, in einem kleinen Ort namens Endenich, in der Nähe von Bonn (der Geburtsstadt von Beethoven). Bei seiner Ankunft war er in einem fürchterlichen Zustand: Fest überzeugt, dass seine Frau gestorben war, schrie er, bis er heiser war, und er glaubte, Opfer einer Verschwörung geworden zu sein. In den folgenden Monaten beruhigte er sich jedoch wieder, und sein Zustand verbesserte sich beachtlich. Zeitweilig fühlte er sich bereit, nach Hause zu gehen – doch obwohl er anfangs selbst darum gebeten hatte, in die Anstalt gebracht zu werden, musste er bald feststellen, dass es etwas anderes war, dort wieder herauszukommen. Denn obwohl er sich viel besser fühlte, war er nicht wirklich normal – er ist nie normal gewesen; und er erlitt immer wieder Rückfälle. Die Ärzte beschwichtigten ihn, sie untersuchten, was er jeden Tag im Badezimmer produzierte, berieten sich – und entschieden, dass es ihm noch nicht gut genug ging, um entlassen zu werden.

Welch grausame Situation für alle! Clara muss sich schrecklich schuldig gefühlt haben; ihre Gefühle waren, gelinde gesagt, kompliziert. Sie konnte Schumann nicht besuchen; die Ärzte zumindest rieten stark davon ab. Sie sehnte sich (wahrscheinlich) danach, dass Schumann »geheilt zurückkehrte«, so wie er es ihr versprochen hatte; doch gleichzeitig sorgte sie sich vermutlich, dass er gewalttätig werden könnte, falls er zu früh aus der Anstalt entlassen würde. Zudem war es ihr jetzt möglich, Reisen zu unternehmen und dabei Konzerte zu geben, was sie schon immer hatte tun wollen – und das hätte ein Ende, würde Schumann wieder nach Hause kommen. Und es gab noch eine weitere Komplikation: Sie hatte sich in Brahms verliebt – und er sich in sie. Brahms hat sich sicher schrecklich gefühlt: Er war Schumann sehr zugetan und gehörte zu den wenigen, denen ein gelegentlicher Besuch gestattet wurde – doch er liebte Schumanns Ehefrau. Eine wahrlich tragische Gefühlsmischung!

Am schlimmsten war es aber natürlich für Schumann, verlassen und allein lebte er in zwei kleinen Zimmern, von seiner Familie, seinen Freunden und von der Musik abgeschnitten – ja, vom Leben. Er beschrieb sich als »Robert Schumann, Ehrenmitglied des Himmels« – ein lebender Toter. Doch er komponierte ziemlich viel – meistens von Bach inspirierte Fugen, die ihm schon immer geholfen hatten, seine Gedanken zu ordnen; doch später zerriss er die Noten wieder, davon überzeugt, dass sie wertlos seien. Von Zeit zu Zeit spielte er auf dem Klavier der Anstalt; doch ein Zuhörer, der später darüber berichtete, hielt sein Spiel für schrecklich – wie eine kaputte Maschine, die immer noch zu funktionieren versucht, jedoch nur noch Zuckungen zustande bringt. Gelegentlich wurde er gewalttätig, schrie und drohte damit, Stühle nach seinem Aufseher zu werfen; oft war es nicht möglich, das zu verstehen, was er zu sagen versuchte – sein Sprechvermögen, noch nie seine Stärke, verschlechterte sich zu einem unverständlichen Kauderwelsch. Wenn er keine Fugen schrieb, versuchte er seine Gedanken zu ordnen, indem er in alphabetischer Reihenfolge Ortsnamen von Landkarten abschrieb. (Vielleicht erinnerte er sich an das alte Adressverzeichnis seines Vaters?) Er wurde davon so besessen, dass er seine Besucher nicht mehr beachtete; ja, er war nicht mehr fähig, mit seiner Umwelt zu kommunizieren.

Eines Tages muss er begriffen haben, dass er die Anstalt nie mehr würde verlassen können, und er gab auf. Seine körperliche

Gesundheit zerfiel, er aß nicht mehr, seine Glieder zuckten unkontrolliert. Er lag im Sterben. Nach zweieinhalb Jahren erhielt er schließlich Besuch von Clara, die in Begleitung von Brahms angereist kam. Schumann erkannte Clara; doch sie erkannte ihn kaum wieder. Mit großer Anstrengung versuchte er zu lächeln und seinen zitternden Arm um sie zu legen. Er stammelte zusammenhangslos, brachte dabei das Wort »meine« zustande – wollte er damit »meine Clara« sagen? Aus ihrer Hand schlürfte er Wein und Gelee; bei jemand anderem hätte er dies verweigert. Doch zu spät; er starb am nächsten Tag, als niemand bei ihm war. Der Aufseher kam in sein Zimmer, um nach ihm zu sehen – und fand ihn tot vor. Selbst in seiner letzten Stunde war er ganz allein.

Das ist eine so traurige Geschichte, dass ich nicht gern daran denken mag. Der einzig mögliche Trost ist der Gedanke, dass er, wenn er glücklich war, ausgelassen und euphorisch glücklich war – wahrscheinlich weit glücklicher, als du oder ich es je sein werden. Und es ist ebenfalls tröstend, sich vorzustellen, wie er sich freuen würde (und wahrscheinlich, wie erstaunt er wäre), könnte er sehen, wie sich Menschen heute auf der ganzen Welt von seiner Musik angesprochen fühlen – und wie nahe sie sich seinem leidenschaftlichen Herzen fühlen.

Die Musik

Ganz allgemein würde ich sagen, dass Bachs Musik uns Gottes Sicht auf die Welt zeigt; die Musik von Mozart ist wie ein Teil der Natur; Beethoven spricht für die gesamte Menschheit; und Schumann? Schumanns Musik erzählt uns, was es heißt, Robert Schumann zu sein; und doch spricht sie zu uns allen, weil seine Emotionen so stark, so echt waren, dass wir uns selbst in ihm erkennen können. Alles, was er erlebt hatte, floss in seine Musik ein; es gibt keinen Komponisten, den wir so gründlich kennenlernen wie ihn. Er erzählt uns seine geheimsten Geheimnisse, teilt mit uns seine persönlichsten Träume – ja, er spricht zu seinen Zuhörern, als ob wir seine engsten Freunde wären.

Dies ist teilweise deshalb der Fall, weil er die meiste Musik speziell für diejenigen schrieb, die ihm am nächsten standen – am häufigsten für Clara. Oft endet die Musik plötzlich, und man hört ein Zitat aus einem von Schumanns früheren Werken (oder aus einem Werk eines anderen Komponisten, den beide mochten) – eine persönliche Mitteilung an Clara, die sie mühelos verstanden hat. Man merkt auch, dass Schumann nicht auf Auftrag schrieb, wie etwa Bach oder Mozart, oder weil er, wie Beethoven, einen hohen Berg zu erklimmen hatte; Schumann komponierte, weil er den Drang dazu hatte, weil die Inspiration in ihm drinnen so stark war, dass er explodiert wäre, hätte er sie nicht herausgelassen! Oft schrieb er extrem schnell, und man konnte unmöglich vorhersagen, was er als Nächstes komponieren würde. Zu Beginn schrieb er viele große Werke für Klavier; dann, im Jahr seiner Heirat mit Clara, wurde er plötzlich zum Liederschreiben inspiriert – und schrieb in diesem Jahr mehr als 140 Lieder! Zwei Jahre später begann er sich für Kammermusik zu interessieren und schrieb 5 große Werke in gerade etwas mehr als 6 Monaten. Das Problematische an dieser Art von Inspiration war, dass er während des Komponierens in fieberhaftem Eifer schrieb und nach Abschluss der Arbeit in einen apathischen, schwermütigen Zustand fiel.

Wie kann ich die Schönheit der Musik beschreiben? Schumann nimmt uns an Orte mit, die wir ohne ihn nie gefunden hätten. Manchmal ist seine Musik so friedlich und sanft, dass wir uns im Himmel wähnen, und manchmal ist sie so heftig und furchterregend, dass wir glauben, in einer Art Hölle zu sein. Es kommt ganz darauf an, welche Art Traum er hat.

Einmal sagte ihm Clara, dass er sie an ein Kind erinnere; bald darauf begann er eine Reihe von Stücken für und über Kinder, die er praktisch bis ans Ende seines schöpferischen Lebens fortsetzte. Kleine Klavierschüler spielen oft aus seinem Album für die Jugend, zwei Bände mit Klavierstücken, die zu Beginn ganz einfach sind und immer anspruchsvoller werden, für talentierte Kinder aber nie zu schwierig; alle diese Stücke sind wunderschön. Größere Klavierschüler spielen gern seine *Kinderszenen.* Diese sind ziemlich anspruchsvoll und beschwören Bilder von Kindern herauf – *Träumerei, Kuriose Geschichte, Glückes genug* – und so weiter. Dann gibt es berühmte Zyklen mit viel längeren Werken für das Klavier, wie *Carnaval* oder *Kreisleriana*; sie sind voller Liebesgedichte, Porträts, seltsamer Witze und Traurigkeiten, vermischt mit Freude – weder vorher noch nachher wurde etwas Ähnliches geschrieben.

Lieder mit ihrer Mischung von Dichtung und Musik lagen Schumann; seinen Liedern kann man nicht widerstehen – sie beschwören eine ganze Welt von Gefühlen und Bildern herauf. Seine 4 Symphonien sind auch wunderbar; die erste, die *Frühlingssymphonie*, beginnt mit einer euphorischen Fanfare – einfach toll, wenn man seine erste Symphonie so beginnen lassen kann! Und so weiter – alles, was er schrieb, ist lieblich, seltsam, einzigartig; natürlich ist sein Cellokonzert eines meiner absoluten Lieblingsstücke – nicht ganz unerwartet …

Als Schumann älter und sonderbarer wurde, wurde natürlich auch seine Musik sonderbarer. Es gibt sogar heute noch Leute, die sagen, seine späte Musik sei schwach und uninspiriert. Ich finde, diese Leute sollte man alle mit Holunderbeeren bewerfen und Enteneier über ihren dummen Köpfen zerbrechen. Seine späte Musik ist nicht schwach; er wandelt einfach auf seltsamen Pfaden, und es ist an uns, ihm zu folgen. Wenn wir es tun, werden wir Landschaften finden, so schön wie eh und je – einfach anders; die Musik ist die zusätzliche Anstrengung immer wert, die sie einem abverlangt.

Ich hoffe doch, dass du Schumanns Musik lieb gewinnst; durch sie lernst du seine Seele kennen – es ist eine wunderbare Seele!

Was könntest du hören?

Ein guter Beginn deiner Freundschaft mit Schumann könnte das aufregende Klavierquintett für Klavier, 2 Geigen, Bratsche und Cello sein oder das wunderschöne Klavierkonzert voller romantischer Leidenschaft, geschrieben für Clara. Dann kannst du zu den Symphonien übergehen und vielleicht mit der ersten, der *Frühlingssymphonie*, beginnen oder mit der dritten, der *Rheinischen* – sie sind mitreißend! Wenn du tiefer in seine persönlichere Seite der Musik eintauchen möchtest, höre dir seine Lieder an: Versuche die Liederzyklen (einen Satz Lieder), *Dichterliebe* oder *Liederkreis* – und folge den Worten der zauberhaften Gedichte. Wenn du Schumanns dunklere Kreationen erforschen möchtest, dann versuche sein erstes Klaviertrio für Geige, Cello und Klavier op. 63 und seine Melodramen op. 122 (sehr unheimliche Gedichte, von einem Sprecher vorgetragen, mit Klavierbegleitung von Schumann). Und dann, falls es dich nicht allzu traurig macht, höre dir sein letztes Stück an, die sanften Variationen in Es-Dur für Klavier op. post. über das Engelsthema – das Stück wird heute oft *Geister-* oder *Spirituelle Variationen* genannt; dies war sein grandioser Abschied von dieser Welt. Dies sind allerdings nur eine Art Einsteigeorte in seine Welt – es gibt noch so viel mehr, das dir gefallen wird …

Fakten und Anekdoten

Schumann – mit vollem Namen Robert Alexander Schumann – wurde am 8. Juni 1810 in der ostdeutschen Kleinstadt Zwickau geboren. Heute ist Zwickau offiziell als Robert-Schumann-Stadt bekannt – Schumann wäre erstaunt darüber!

—

Die Stadt, in der Wieck lebte, als Schumann ihn und Clara kennenlernte, und wo Schumann sich ab seinem 20. Lebensjahr für 14 Jahre niederließ, war Leipzig – da, wo Bach seine letzten 27 Jahre verbrachte.

Ein wahrer Freund ...

Als Schumann bereits ein paar Jahre in Leipzig lebte, kam ein großer Komponist, Pianist und Dirigent namens Felix Mendelssohn-Bartholdy in die Stadt, um die Leitung der Gewandhauskonzerte zu übernehmen. Schumann verehrte ihn – und Mendelssohn war gut zu Schumann, dirigierte seine Symphonien, verteidigte ihn gegen Wieck und stellte ihn am neuen Leipziger Konservatorium als Lehrer ein. Die einzige Andeutung einer Verstimmung zwischen ihnen gab es nur, als Clara und Mendelssohn sich für Schumanns Geschmack zu gut verstanden, doch das ging vorüber. Schumann war untröstlich, als Mendelssohn plötzlich im Alter von 37 Jahren starb. Schumanns letzter Sohn – den er nie gesehen hatte – wurde zu Ehren von Mendelssohn Felix getauft. (Übrigens, Mendelssohn erscheint irgendwo in meinem Stammbaum; ich bin sehr stolz darauf – obwohl ich überhaupt nichts dafür getan habe!)

—

Die Zeitung, die Schumann in Leipzig gründete, die »Neue Zeitschrift für Musik«, machte nicht nur Schumann berühmt; seine großzügigen und weisen Kritiken über Musik anderer Komponisten machten einige von ihnen in Deutschland berühmt. Er war einer der wenigen Kritiker, für den die Musiker nicht dasselbe empfanden (um eine berühmte Bemerkung zu zitieren) wie Laternenpfosten für Hunde!

Gespaltene Persönlichkeit

Schumann fand, dass er mit seinen extremen Gefühlsschwankungen am besten so umging, als sei seine Persönlichkeit in zwei verschiedene Personen aufgeteilt; er erfand zwei fiktive »Begleiter« namens Florestan und Eusebius. Sie waren gegensätzliche Charaktere, Florestan aufgeschlossen und leidenschaftlich, Eusebius nachdenklich und verschlossen. Schumann verwendete sie beim Schreiben seiner Kritiken – er beschrieb ihre »Gespräche« über neue Stücke; sie tauchen auch in seinen Klavierstücken auf – Florestan in den extrovertierten Teilen, Eusebius in den introvertierten. Schumann lebte wirklich in einer Fantasiewelt!

—

Mit 34 Jahren rutschte Schumann in eine solch tiefe Depression, dass er und Clara sich zu einer Veränderung entschieden. Er verkaufte die Zeitung, und sie zogen in die Stadt Dresden. Das Erstaunliche bei diesem Umzug: Beinahe die einzige Person, die sie in Dresden kannten – war der gefürchtete Wieck! Auch wenn sich Wieck freundlicher gab, nun, da Schumann als Komponist erfolgreicher war, mochten sie ihn immer noch nicht besonders gut. Kein Wunder war Schumann während der 5 Dresdner Jahre oft unglücklich und krank; trotzdem komponierte er sehr viel in dieser Zeit – darunter seine einzige Oper, *Genoveva*, ein faszinierendes Märchen über gute und schlechte Magie.

Nächtliche Rettung

Das Dramatischste, was die Schumanns in Dresden erlebten, war wohl die Revolution von 1848. In der Nähe ihres Hauses gab es viele Gefechte; Männer wurden erschossen und lagen tot in den Straßen. Clara war der Meinung, dass sie nun fliehen sollten; darum ließ sie die jüngeren Kinder in der Obhut eines Kindermädchens zurück und brachte die Älteste, Marie, und Robert in ein nahegelegenes Dorf in Sicherheit. Später in derselben Nacht kehrte sie nach Dresden zurück, um die anderen zu holen; sie rannte mit ihnen durch eine Ansammlung bewaffneter Männer – damals war sie im siebten Monat schwanger! Für Schumann wäre es in der Stadt als Mann wirklich gefährlich gewesen; die eine oder andere Seite hätte ihn zwingen können, für sie zu kämpfen. Doch auch so wird man das Gefühl nicht los, dass Clara manchmal ein bisschen zu viel Verantwortung aufgebürdet wurde. Kennzeichnend für Schumann war, dass er als Antwort auf diese gewalttätigen Ereignisse sanfte, idyllische Musik komponierte, als ob ihn die Bedrohung der äußeren Welt noch mehr in sich hineingetrieben hätte.

—

Schumann zögerte lange, bevor er den Posten in Düsseldorf annahm; einer der Gründe, weshalb er nicht dorthin gehen wollte, war der, dass er gelesen hatte, es gebe dort eine Nervenheilanstalt. Vielleicht hatte er eine prophetische Vision?

Noch eine Prophezeiung …

Nachdem er während fast 10 Jahren nicht ein einziges Wort für seine alte Zeitung produziert hatte, schrieb Schumann, nur einige Monate bevor er in die Heilanstalt in Endenich eintrat, unerwartet einen Aufsatz für sie. Er galt seinem neuen Freund Brahms, den Schumann in den höchsten Tönen lobte und sagte, dass »Grazien und Helden« an dessen Wiege Wache gehalten hätten! (Das muss den Eltern auf jeden Fall den Babysitter erspart haben.) Brahms war erfreut, doch es war ihm peinlich; die meisten seiner Komponisten-Rivalen waren neidisch und voller Verachtung. Trotzdem reagierten die Leute auf den Aufsatz, der Brahms sicherlich berühmt gemacht hat. Es war, als wäre sich Schumann bewusst gewesen, dass er selbst die musikalische Welt verlassen würde, und wollte Brahms darin willkommen heißen, damit er seinen Platz einnehmen könnte.

—

Weniger als ein Jahr vor seinem endgültigen Zusammenbruch war Schumann von der fixen Idee besessen, ein bestimmter Tisch besitze magische Fähigkeiten. Er behauptete, dass der Tisch auf Bitten hin die berühmten Eröffnungstakte von Beethovens 5. *Symphonie* klopfen und, wenn Schumann an eine Zahl denke, der Tisch sie erraten könne. Seltsam …

Doch nicht so seltsam …

… wie etwas, das rund 80 Jahre nach Schumanns Tod geschah. Eines von Schumanns letzten Werken war sein für Joachim geschriebenes Geigenkonzert. Nach seinem Tod fand Clara, es sei ein schwaches Stück und nicht veröffentlichungswürdig. (Sie hielt viele seiner letzten Werke für misslungen – so auch 5 Romanzen für Violoncello und Klavier, die für immer verloren sind, da sie das einzige erhaltene Exemplar verbrannt hat. Grrrrrrrrrrrrrr.) Aus demselben Grund hinterlegte sie das Manuskript des Geigenkonzerts bei einer Bibliothek in Berlin mit der strikten Weisung, dass es bis mindestens hundert Jahre nach Schumanns Tod (d. h. 1956) nicht angetastet werden dürfe. In den frühen 1930er-Jahren jedoch nahm eine berühmte ungarische Geigerin, eine Großnichte Joachims, an einer Séance teil, einer komischen Veranstaltung, bei der Leute behaupten, sie empfingen Nachrichten von Geistern der Verstorbenen. Plötzlich kam eine Nachricht mit der Aufforderung an die Geigerin, ein unveröffentlichtes Geigenkonzert zu finden, das von diesem Geist komponiert worden war. »Wie heißt du?«, fragte die Geigerin nervös. »Robert Schumann«, lautete die Antwort. Danach wurde Schumanns Geigenkonzert, teilweise wegen dieser Séance, in der Berliner Bibliothek gefunden und wieder gespielt. Es ist alles ganz merkwürdig, und ich weiß nicht, wie viel an diesem übernatürlichen Ereignis stimmt – vielleicht wussten bereits ein paar

Leute von diesem Werk und haben der Geigerin irgendwie einen Streich gespielt; zumindest scheint sie wirklich geglaubt zu haben, vom Geiste Schumanns kontaktiert worden zu sein – und überhaupt, es ist eine gute Geschichte!

—

Clara überlebte Schumann um 40 Jahre und gab bis ins hohe Alter Konzerte (größtenteils bestehend aus Schumanns Musik – jedenfalls seinen frühen Werken). Sie hat jedoch nicht wieder geheiratet; und an ihren Konzerten trug sie immer Schwarz.

Und die Kinder ...

Nachdem Schumann das Zuhause verließ, verloren die Kinder nicht nur den Vater, sondern auch die Mutter, denn Clara begann, fast ununterbrochen, zu reisen. Bald wurden auch sie voneinander getrennt; es war ein hartes Leben. Die Jungen starben leider alle sehr jung; der älteste, Ludwig, kam schließlich in eine Nervenheilanstalt, allein gelassen wie sein Vater – und für viel längere Zeit. Zwei der drei Schwestern erreichten ein doch recht hohes Alter – wenigstens etwas Erfreuliches! Es tut mir leid für diese bedrückende und trübsinnige Geschichte; das nächste Kapitel wird etwas fröhlicher – glaub mir ...

JOHANNES BRAHMS
(1810–1856)

Kindergesicht? Glatte Wangen? Ein sensibles Pflänzchen? Hmm … nicht ganz. Brahms war mit 50 unglaublich anders als mit 20 – zumindest äußerlich. Versuchen wir einmal, ihm durch dieselbe Straße in Wien (wo er die letzten 30 Jahre seines Lebens verbrachte) zu folgen, in der wir im vorletzten Kapitel Beethoven gefunden haben. Dort geht Brahms stapfend voran – stapf, stapf, stapf. Die Leute um ihn herum sehen ihn an, denn er ist berühmt, und sie erkennen ihn – und wenden ihre Augen schnell ab, denn er blickt grimmig und mag nicht angestarrt werden. Wir müssen uns beeilen, um mit ihm Schritt zu halten, denn er geht schnell. Andererseits können wir etwas Zeit gewinnen, wenn er bei seiner Haustür ankommt, denn er zieht jetzt seine Schlüssel aus der Manteltasche, und auch wenn er athletisch gebaut ist, so ist er doch mehr als nur eine Nuance rundlich (um es nett zu formulieren); es ist für ihn vermutlich ziemlich schwierig, seine kurzen, kräftigen Arme über seinen Bauch in seine Manteltasche zu stecken. Jetzt geht er hinein, durchquert sein Schlafzimmer und stapft in sein Arbeitszimmer, wo er jeweils komponiert. Und nun dreht er sich um und sieht uns, seine stechenden blauen Augen voller Argwohn (wirklich nicht überraschend, denn wir sind ihm schließlich ohne Einladung in seine Wohnung gefolgt). Es sind aber nicht nur seine blauen Augen, die uns auffallen. Es gibt noch etwas viel Verblüffenderes in seinem Gesicht: einen Bart. Was für einen Bart! Einen dicken grauen Bart, der auf seinem Gesicht landete, als er 45 war. Einen Bart, so beeindruckend – wenigstens zusammen mit dem restlichen Kopf –, dass ein Bild von ihm in einem Geografieschulbuch verwendet wurde, um zu zeigen, wie ein norddeutscher Mann aussehen sollte (oder könnte). Einen Bart, der sein Gesicht so veränderte, dass Brahms, kurz nachdem er ihn hatte wachsen lassen, einen ganzen Abend mit einem Freund gesprochen hatte, ohne dass der Freund ihn erkannt hätte. Einen Bart, der in der Tat so buschig war, dass man in ihm eine ganze Hamsterfamilie verstecken könnte, ohne dass jemand etwas merken würde (außer Brahms und die Hamster natürlich).

Ich wette, er war auch stachlig, denn Brahms hatte inzwischen einen ganz stachligen Charakter – auf jeden Fall manchmal. (Es überrascht daher nicht, dass sein Lieblingsrestaurant »Zum roten Igel« hieß.) Er würde uns wahrscheinlich ziemlich schroff fragen, was wir wollten – mit einer äußerst komischen Stimme, heiser von all dem Schreien und der Beanspruchung, die er sich selbst in jungen Jahren zugefügt hatte, um sie tiefer zu machen. Das könnte eine verzwickte Begegnung werden. Brahms mochte Besuch nicht wirklich, versteckte sich oft in seinem Hinterzimmer und gab vor, nicht da zu sein, wenn jemand vorbeikam. Daher würde er es nicht schätzen, dass wir ihm in die Wohnung gefolgt sind. Nach einigen heiklen Momenten könnte er aber dir gegenüber weich werden; Brahms liebte Kinder, und gewöhnlich folgte ihm eine Horde Kinder durch die Straßen – meistens, weil er stets Süßigkeiten verschenkte. Manchmal hielt er ein Bonbon hoch in die Luft und belohnte den, der am höchsten danach gesprungen war; manchmal kaufte er Süßigkeiten, die wie Kieselsteine aussahen, und schob sie dann seinen jungen Freunden plötzlich in den Mund, anfänglich zu ihrem Grauen und dann zu ihrem erstaunten Entzücken.

Mit dir hätte er wahrscheinlich kein Problem, mit Erwachsenen sah es allerdings anders aus. War jemand in Schwierigkeiten oder aufrichtig hilfsbereit, oder fand Brahms sein Gegenüber einfach sympathisch, dann konnte er nett, aufmerksam und charmant sein – ja, ein wunderbarer Freund. Doch argwöhnte er, dass jemand vornehm tat oder vorgab, über etwas Bescheid zu wissen, was er nicht wirklich verstand, oder einfach losplapperte – dann wehe dem! Wenn eine vornehme, gut gekleidete Dame aus besseren Kreisen zu ihm hochkam und ihm gekünstelt lächelnd sagte, wie sehr sie seine Musik genossen hätte, fragte er sie sehr wahrscheinlich sarkastisch, wo genau sie denn die Musik genossen hätte: unter ihrem blauen Schal, unterhalb des Vogels auf ihrem Hut oder sonst irgendwo? Die Dame zöge sich rot vor Scham und Erniedrigung zurück. Er hasste elegante Abendgesellschaften, und wenn er überhaupt zusagte, dann benahm er sich oft sehr schlecht. Eine Geschichte (zwar erfunden – aber mit wahrem Kern!) machte einmal in Wien die Runde, wonach er sich bei einer formellen Gesellschaft, die von einer Dame aus der Oberschicht gegeben wurde, so entsetzlich benahm, dass die Anwesenden es nicht erwarten konnten, ihn loszuwerden; als er dann ging und sich seine unglückliche Gastgeberin von ihm verabschiedete, knurrte Brahms sie an: »Falls jemand heute Abend von mir nicht beleidigt worden ist, so bieten Sie ihm bitte meine Entschuldigung an!«

Zum Glück kann niemand, nicht einmal meine besten Freunde – oder meine schlimmsten Feinde – mich als höfliche Dame der oberen Zehntausend beschreiben, und so könnte mir ein Anschnauzer von ihm erspart bleiben. Könnte ich ihm wirklich ernsthaft davon erzählen, wie sehr mich seine Musik bewegt hat, und würde er mir abnehmen, dass ich jedes Wort meine, das ich sage, könnte er vor Freude sogar erröten. Mag er mich wirklich, würde er mir eine seiner besten Zigarren offerieren; mag er mich ziemlich, würde er mir eine seiner zweitbesten Zigarren offerieren. (Es wäre ohnehin egal, denn ich würde beide ablehnen.) Auch könnte er mir anbieten, für uns mit seiner eigenen Kaffeemaschine, auf die er mächtig stolz war, Kaffee zu kochen. Es wäre reiner, starker Kaffee mit frischer (nicht abgekochter)

Sahne. Einmal besuchte er ein Restaurant, wo ihm mit Zichorie vermischter Kaffee serviert wurde. (Zichorie ist eine Wurzel, die weniger kostet als Kaffeebohnen und, mit Wasser gekocht, einen guten Kaffee-Ersatz ergibt.) Brahms rief die Dame, die das Restaurant führte, zu sich herüber: »Sagen Sie«, säuselte er, »haben Sie zufälligerweise etwas Zichorie?« Die Dame bejahte. »Erstaunlich!«, sagte Brahms. »Könnte ich ihn sehen?« Die Inhaberin holte zwei Tüten davon. »Ist das alles?«, fragte Brahms traurig. Die Dame bedauerte, nicht mehr zu haben. »Gut«, sagte Brahms glücklich und steckte beide Tüten in seine Tasche. »Und jetzt gehen Sie bitte und machen uns einen richtigen Kaffee!«

Ich könnte bei Brahms wahrhaftig den Nagel auf den Kopf treffen, würde ich erzählen, ich sei arm (da ich beispielsweise meine ganze Zeit damit verbracht habe, ein Buch über Komponisten zu schreiben, anstatt Konzerte zu geben und Geld zu verdienen.) Er würde mir wahrscheinlich anbieten, mir so viel Geld zu geben, wie ich brauchte – sofern ich niemandem etwas davon erzähle. Er war der erste Komponist, der nur vom Verkauf seiner Musik reich wurde und keine Auftragsarbeiten annehmen musste; und er wusste nie so recht, was er mit all seinem Geld anstellen könnte. Er sandte viel davon entweder an Clara Schumann oder an seinen Verleger, damit er es für ihn investierte; doch er verschenkte auch viel davon – an seine Familie, an junge Musiker, an musikalische oder wohltätige Organisationen, oder an jemanden, der wirklich in Not war. Etwas vom Eigenartigsten an Brahms war, dass er nicht wollte, dass die Leute wussten, wie gütig, warm und großzügig er sein konnte. Er war wirklich wie ein Igel – außen stachlig, mit einem versteckten, weichen Innern. Er konnte jungen Komponisten gegenüber ekelhaft sein, indem er ihnen vorwarf, dass sie nicht wüssten, was sie täten, und dass sie gar nicht darauf hoffen könnten, den Durchbruch als Komponist zu schaffen; doch dann bot er ihnen finanzielle Unterstützung an, sodass sie keine Arbeit annehmen mussten und ihre gesamte Zeit dem Kompositionsstudium widmen konnten.

Manchmal ging er in Sachen Stacheln allzu weit: Einmal besuchte er an Weihnachten eine Familie und erzählte den Kindern aus lauter Blödsinn, dass das Christkind mit Grippe im Bett liege und dieses Jahr keine Geschenke bringen könne. Die Kinder brachen in Tränen aus und glaubten Brahms nicht, als er ihnen darauf versicherte, es wäre alles nur ein Scherz gewesen. Er geriet total in Panik, rannte zu ihrer Mutter und flehte sie an, ihm beim Beruhigen ihrer Brut zu helfen. Zumindest dieser Zwischenfall war bald vergessen – aber ein anderer war's nicht: Einem jungen, sensiblen Komponisten machte er einmal wegen dessen Musik das Leben so schwer, dass der arme Mann völlig durchdrehte und mit der Straßenbahn durch Wien fuhr und dabei den Leuten zurief, sie sollten aussteigen, denn Brahms hätte den Wagen mit Dynamit beladen. Er wurde in eine Nervenheilanstalt gebracht und erholte sich nie mehr. (Schrecklich – ich bin sicher, dass sogar Brahms, der im Entschuldigen nie gut war, sich dabei grässlich gefühlt haben muss; er wollte wahrscheinlich nur hilfsbereit sein – doch dabei vergaß er, dass einige Leute auf Igelstacheln allergisch sind.) Ein anderes Mal spielte ein Komponist Brahms sein neuestes Werk vor und hoffte auf etwas Lob oder wenigstens konstruktive Kritik; nach dem Vorspiel herrschte Stille, bis Brahms aufstand, die Noten auflas und als einzige Bemerkung sagte: »Was für schönes Notenpapier!«

Trotz seiner sarkastischen Sprüche war er jedoch nicht absichtlich grausam: Komponieren war für ihn einfach eine heilige Aufgabe, und er konnte es nicht ertragen, schlechte Musik zu hören. Gefiel ihm hingegen jemandes Musik, tat er viel für diese Person – zum Beispiel, eine Veröffentlichung und die Aufführung dieser Stücke zu arrangieren. Zudem war er extrem selbstkritisch; er arbeitete jeweils sehr lange an einem Stück und war am Schluss kaum je zufrieden. Er veröffentlichte nur 3 Streichquartette, hatte aber mindestens 20 geschrieben; alle unveröffentlichten verbrannte er – ebenso mehr als die Hälfte aller anderen Werke, die er geschrieben hatte. Auch konnte er nicht verstehen, wie Mozart in einem Restaurant oder in einem lärmigen Raum sitzen konnte und ihm großartige Musik förmlich heraussprudelte, während er um jede einzelne Note kämpfen musste. Es schien so ungerecht!

Ich bin sicher, dass er auch auf Mozarts glückliche Ehe neidisch war. Brahms hat nie geheiratet; er war zwar ein paar Mal nahe dran, schlängelte sich aber im letzten Moment, oder früher, immer wieder heraus. (Schlängeln sich Igel?) Wahrscheinlich hätte er Clara Schumann nach dem Tod ihres Ehemanns heiraten können, aber er tat es nicht; vielleicht war der Schatten von Schumanns Krankheit und Tod zu stark und zu dunkel. Dann verliebte er sich in ein nettes junges Mädchen namens Agathe und schenkte ihr sogar einen Verlobungsring; doch dies war zu einer Zeit, als er als Komponist nicht sehr erfolgreich war, und er fand, dass er nach einem Misserfolg nicht nach Hause kommen und Mitleid auf dem Gesicht seiner Frau sehen wolle – daher löste er die Verlobung! Äußerst seltsam – doch so war Brahms. Ein anderes Mal wollte er einem Mädchen am Weihnachtstag einen Heiratsantrag machen, ging zu ihr nach Hause – nur um gesagt zu bekommen, dass sie einige Stunden zuvor den Antrag von jemand anderem angenommen hatte. Später verliebte er sich in Schumanns Tochter Julie (Ich bin sicher, Clara war nicht gerade begeistert!); er war am Boden zerstört, als Julie einen italienischen Adeligen heiratete. Und so weiter – sein Liebesleben war in der Tat nicht wirklich ein Erfolg; aber ich glaube, dass Brahms sich hauptsächlich davor fürchtete, jemand könnte seinem Inneren zu nahe kommen – er wollte nicht, dass jemand einen Weg an den Stacheln vorbei fand!

Sogar seine Freundschaften waren oft recht steinig. Clara Schumann blieb er bis zu ihrem Tod nahe – an einem Weihnachtsfest sagte er ihr, dass er sie weit mehr liebe, als er jemals zuvor jemanden geliebt hatte, weit mehr als sich selbst; und doch lieferten sie sich grässliche Auseinandersetzungen und zankten sich manchmal jahrelang wegen derselben kleinen Meinungsverschiedenheit. Am Ende küssten sie sich jedoch immer und versöhnten sich wieder. Aber mit vielen anderen Freunden hatte Brahms richtig Streit – wegen der Musik, wegen der Politik, wegen ihres persönlichen Lebens – was die Freundschaft zerstörte. Dachte er etwas, dann sagte er es – warum auch nicht? Das ist recht und billig – außer, dass er so manchmal Leute zutiefst verletzte. Mit Brahms befreundet zu sein war keine leichte Aufgabe; doch man wurde belohnt. War er gut gelaunt, konnte er warm, witzig und liebenswürdig sein; und hatte er für einen trauernden Freund Mitgefühl, tat er alles für ihn. Trotz seinen Stacheln, seinem Knurren und seinen üblen Launen besaß er ein großes Herz und konnte zutiefst einfühlsam sein; es ist schade, dass er keine Frau oder eigene Kinder hatte, die er mit Zuneigung überschütten konnte.

War Brahms also ein unglücklicher, trauriger Mann, der sein ganzes Leben der Musik verschrieben hatte? Ich glaube nicht. Obwohl er jammerte und stöhnte, er wäre einsam, hatte er immer Gesellschaft, sowohl in Wien als auch in den Landstädten, in denen er seine Sommer verbrachte. Er amüsierte sich gut in Gartenrestaurants und hörte dort Zigeunern zu, die ihren Geigen flammende Melodien entlockten, oder Tanzorchestern, die graziöse Wiener Walzer spielten. Oder er saß in einer Bierhalle – konsumierte viele Maß Bier, was seiner Figur nicht allzu gut bekam – und erzählte einer Schar bewundernder junger Musiker alles über das Leben und hörte sie laut über alle seine Witze lachen. Es stimmt, dass er nach einem solchen Abend alleine nach Hause zuckelte – doch wenn er dort ankam, wusste er wenigstens, dass seine Werke in der ganzen Musikerwelt geliebt und geschätzt wurden. Und vielleicht war es gar nicht so schlimm, dass er ohne Frau an seiner Seite einschlief – denn sein Schnarchen hätte sie sonst wahnsinnig gemacht, und dann hätte er wirklich etwas zum Jammern und Stöhnen gehabt …

Die Musik

Brahms arbeitete, wie gesagt, sehr lange an allem, was er schrieb, und zerstörte das Meiste davon. Kam ihm eine Idee in den Sinn, dachte er während seiner Spaziergänge über Land (wie Beethoven) eine Ewigkeit darüber nach, und erst wenn er sie aus jedem möglichen Winkel sorgfältig geprüft hatte, schrieb er sie schließlich nieder. Doch erst jetzt begann der wirkliche Kampf, während seiner Bemühungen, das Geschriebene zu verbessern. Schließlich sandte er jeweils das fertige Stück einem Freund, in dessen Urteilsvermögen er Vertrauen hatte, zusammen mit einem Briefchen, worin stand, wie schlecht dieses Stück sei. Wurden Änderungsvorschläge vorgebracht, ging er manchmal darauf ein, manchmal ignorierte er sie; doch unabhängig davon arbeitete er sicherlich noch weiter daran. Dann sorgte er dafür, dass das Stück zumindest ausprobiert, vorzugsweise aufgeführt wurde, bevor er es endlich, endlich seinem Verleger sandte – wieder gewöhnlich mit einem Briefchen, worin stand, dass das Stück es nicht wert sei, veröffentlicht zu werden.

Man könnte also, ohne Angst zu haben, damit völlig falsch zu liegen, sagen, dass das Schreiben der Musik dem Igel Brahms nicht gerade leichtfiel. Die Musik der großen Meister der Vergangenheit liebte er über alles – Bach, Mozart, Beethoven und Weitere; und die meisten seiner Werke sind im »Format« früherer Zeiten abgefasst: Symphonien, Sonaten, Konzerte, Quartette usw. (aber keine Oper – Brahms schrieb nie eine). Er war sicher, dass jene Genies der Vergangenheit die besten Ideen hatten und er ihnen nie würde das Wasser reichen können; trotzdem wollte er seine Werke den ihren nachbilden – wie könnte man besser lernen? (Obwohl er von seiner eigenen Musik nicht viel hielt, hielt er von der Musik der meisten anderen Komponisten seiner Zeit natürlich noch viel weniger!) Und so ist seine Musik eine Fortsetzung der Ideale seiner Vorgänger.

Einige von Brahms Zeitgenossen, die eifrig versuchten, die Formen der Vergangenheit wegzuwischen und ihre eigenen neuen zu kreieren, hielten Brahms für einen altmodischen Kauz, der einfach versuchte, alte Musik neu zu schreiben. Falsch! Brahms' große Errungenschaft war, dass er alte Formen aufnahm und sie in lebendige, atmende, frische Kreationen umwandelte. Er verfasste Musik in allen möglichen Stimmungen: Manchmal kann man geradezu hören, wie er sich entspannt und sich amüsiert, mit einem Glas Bier in der Hand, und vielleicht einem Zigeunerorchester zuhört. (Er schrieb 21 *Ungarische Tänze*, die auf Zigeunermelodien basieren; und oft kann man das wilde Zigeunertemperament auch in seinen längeren Werken ausmachen.) Manchmal kann man deutlich die dunklere, tragische Seite seines Naturells spüren. In einigen seiner schnellen Sätze, die »Scherzo« genannt werden (wird »Skerzo« ausgesprochen und bedeutete ursprünglich Scherz – ein guter Scherz!), kann man beinahe heraushören, wie sich böse Geister durch dunkle Wälder jagen – gruselig. Dann gibt es aufgewühlte Meere, grandiose Sonnenuntergänge, Liebeslieder, graziöse Tänze – und so weiter. Was diese Stücke zusammenhält und sie als Werk desselben Komponisten auszeichnet, ist eine Fülle, eine tiefe und prächtige Schönheit (übrigens gewöhnlich gar keine stachlige); dies ist Brahms' musikalische Stimme – und von niemand anderem! Stelle ich das Radio an ohne zu wissen, was gerade läuft, ist es ganz einfach herauszufinden, ob Brahms gespielt wird; die Musik gleitet hinaus, reißt mich mit und hält mich davon ab, wieder auszuschalten – äußerst lästig, wenn ich in Eile bin! Doch es ist die Zeit, die man fürs Zuhören aufwendet, wert ...

Was könntest du hören?

Da Brahms beinahe alles zerriss, was ihm nicht gefiel, gibt es heute von ihm keine wirklich schlechten oder gar unwichtigen Werke. (Viele der *Ungarischen Tänze* und andere kürzere Werke sind leicht und lustig, aber nicht unwichtig – es ist wichtig, lustig zu sein!) Die vielleicht großartigsten Werke hat Brahms allerdings dann geschrieben, wenn er etwas in seinem Leben sehr tief empfand, diese Gefühle aber (als menschlicher Igel) nur durch Musik ausdrücken konnte. Das erste Klavierkonzert beispielsweise schrieb er nach Schumanns Tod – vieles davon klingt wie der Schrei einer gequälten Seele. Ich erinnere mich ans erste Mal, als ich es hörte: Bei den Eröffnungsschlägen der Pauken schnellte ich mehrere Zentimeter in die Höhe. Der erste Satz ist wirklich voller Qualen; erst im langsamen, gebetsähnlichen zweiten Satz spürt man, dass der Geist Schumanns zur Ruhe gelegt wird. Versuche auch das Geigenkonzert – ein völlig anderes Tier; es enthält einige der schönsten Melodien, die er je geschrieben hat, und einen ausgelassenen letzten Satz, voller Rhythmen im Zigeunerstil. Sein *Deutsches Requiem* ist einfach wunderschön – ein sanftes, berührendes Wehklagen, geschrieben nach dem Tod seiner Mutter.

Dann seine Symphonien: Brahms hatte mindestens 20 Jahre lang geplant, eine Symphonie zu schreiben, bevor er sich ans Schreiben seiner ersten heranwagte – doch das Warten war es wert. Sie hat einen prächtigen, dunklen Anfang – ebenfalls mit stampfenden Pauken –, der die Geburt einer aufregend neuen Welt anzukündigen scheint. Die vielleicht berühmteste Symphonie ist die letzte, Nummer 4: Sie beginnt mit einer herrlichen Melodie, die du vielleicht gern am Morgen früh hören möchtest. Sie könnte sogar das Aufstehen ein bisschen erleichtern! Ein anderes meiner Lieblingsstücke ist das Klarinettenquintett op. 115; es ist eines seiner letzten Werke, und man kann beinahe die Kohlen in einem erlöschenden Feuer glühen hören, mit weisen Zigeunern, die ums Feuer herumsitzen und ihre wilden, traurigen Geschichten erzählen. Das sind allerdings ziemlich lange Stücke; möchtest du ein kurzes Juwel von Brahms hören, versuche sein berühmtes *Wiegenlied*. Es ist gut möglich, dass du es kennst; es taucht überall auf – in Arrangements für alle möglichen Instrumente, in Spieluhren, als ärgerlich laute Klingeltöne von Mobiltelefonen usw. – das ist nicht Brahms' Fehler! Zumindest ist es eine erinnerungswürdige Melodie – und wenn sich schon eine Melodie in deinem Kopf einnisten soll, dann kann es auch eine gute sein. Item, es ist schwierig, bei seiner Musik einen Fehlgriff zu tun: Es gibt, wie gesagt, kein wirklich schwaches Stück. Versuche, dir so viele seiner Werke anzuhören, wie du magst, lange oder kurze – und lass es einfach zu, dass du dich in sie verliebst!

Fakten und Anekdoten

Brahms wurde 1833 in der norddeutschen Stadt Hamburg geboren; er war in der Tat ein richtiger Hamburger! Seine Eltern waren ein ganz spezielles Paar und wirken gar nicht wie Eltern eines großen Künstlers; so waren sie beispielsweise nicht besonders gebildet. Schwer zu sagen, woher Brahms seine Ambitionen und seinen Lernhunger hatte; er wurde wirklich aus eigener Kraft ein Genie. Brahms' Mutter Christiane war eine zurückhaltende, schüchterne Frau, 17 Jahre älter als sein Vater Johann Jakob. Dieser war kontaktfreudig und kokett und wahrscheinlich ein kleines Schlitzohr. Christiane war bei der Heirat 41 Jahre alt, aber es gelang ihr dennoch, drei Kinder zu bekommen – Johannes, Elise und Fritz; das ist ziemlich beeindruckend. Johann Jakob und Christiane waren zusammen allerdings nicht richtig glücklich. Als freischaffender Musiker – er spielte viele unterschiedliche Instrumente – verdiente er anständig; doch sobald er etwas verdiente, wollte er das Geld für weitere Instrumente ausgeben – sehr zu Christianes Empörung. Damit die Familie angenehm leben konnte, musste sie als Näherin arbeiten. Johann Jakob und Christiane trennten sich, als die Kinder längst erwachsen waren. Brahms, zu jenem Zeitpunkt einunddreißig Jahre alt, war am Boden zerstört und versuchte erfolglos, seine Eltern wieder zu versöhnen.

Stolze Eltern ...?

Ein Foto von Brahms' Mutter, drei Jahre vor ihrem Tod aufgenommen, zeigt eine lächelnde alte Frau, die offensichtlich fürs Foto ihre allerbesten Kleider angezogen hat. In ihren Zahnreihen blitzen ziemlich große Lücken – na ja, eigentlich hat sie gar keine Zähne mehr; doch anhand des Fotos lässt sich erahnen, dass sie ein sehr gütiges Herz gehabt haben muss. Sie vergötterte Brahms und er sie; doch er mochte seinen schlitzohrigen Vater ebenfalls. Johann Jakob seinerseits muss auf Johannes ungeheuer stolz gewesen sein, doch er hatte eine seltsame Art, dies zu zeigen. Nach einem der größten Triumphe in Brahms' Leben, der ersten Aufführung seines *Requiems*, fragte jemand Johann Jakob, wie es ihm gefallen habe. »Tönte nicht schlecht«, antwortete er lässig und nahm eine Prise Schnupftabak. Was für ein cooler Kerl ...

—

Elise, Brahms' Schwester, war eine eher zarte Person. Als sie sich in relativ hohem Alter verheiratete, sagte Brahms eine Katastrophe voraus und beklagte sich über ihre Eheschließung, denn er wäre, so seine überraschende Behauptung, Elise zuliebe ledig geblieben! Etwas schwierig, darin die Logik zu sehen – um es mild auszudrücken. Item, ihre Ehe wurde glücklich, und Brahms fand sich damit ab. Allerdings war er über die zweite Ehe seines Vaters glücklicher; Brahms vergötterte seine Stiefmutter und unterstützte sie und ihren Sohn aus einer früheren Ehe (d. h. den Stiefsohn von Brahms' Vater – in welcher Beziehung steht dieser nun zu Brahms?) nach dem Tod seines Vaters weiterhin großzügig. Brahms gab seiner Familie immer Geld – sogar Fritz …

Der »falsche« Bruder …

Fritz und Johannes verstanden sich nicht gut. Fritz muss eine der unglücklichsten Figuren der Musikgeschichte sein. Er versuchte, den Durchbruch als Pianist zu schaffen, und wurde als Lehrer sogar recht bekannt; doch Ruhm und Reichtum seines Bruders stellten seine Leistungen in den dunkelsten Schatten. In Hamburg war er unter dem reizenden Übernamen »der falsche Brahms« bekannt – ist das nicht furchtbar? Keine Überraschung also, dass er versuchte, so weit weg wie möglich zu gehen; er wanderte nach Venezuela in Südamerika aus und unterrichtete dort Klavier. Doch diesem Vorhaben war wenig Erfolg beschieden, und er musste nach ein paar Jahren wieder nach Hamburg zurückkehren. Dort versuchte er, das Beste aus seiner eigenen Karriere zu machen, und gab Konzerte, in denen er versuchte, einige der schwierigsten Klavierstücke seines Bruders zu spielen – nicht gerade erfolgreich, wie es scheint. Brahms war furchtbar wütend auf ihn, weil er ihre Eltern und die Schwester nicht unterstützte, und die beiden Brüder redeten kaum mehr ein Wort miteinander. Fritz mag unverantwortlich gewesen sein und möglicherweise auch ziemlich unangenehm, doch wer wäre dies nicht, mit einem Übernahmen wie »der falsche Brahms«? Es ist eigentlich erstaunlich, dass er nicht irgendwann in einem Amoklauf Leute erschoss.

—

Brahms' Leben verlief in jungen Jahren an der Oberfläche ziemlich ereignislos. Er lernte eifrig Klavier (und für eine Weile ebenfalls Cello und Horn), verdiente mit dem Spielen von Tanzmusik Geld, begann zu komponieren und war ziemlich verzweifelt, weil er unbekannt und unbeachtet in Hamburg feststeckte. Dann bekam er die Gelegenheit zu reisen, was ihn zu einem Treffen mit Schumann führte, wobei es zu Schumanns Artikel kam, der ihn in den Himmel lobte. Der Himmel war daran zwar weniger interessiert, dafür aber die Musikliebhaber in ganz Deutschland. Brahms war plötzlich berühmt – und man erwartete von ihm, dass er großartige Musik schaffen würde. Dieser Druck plus die Bestürzung über Schumanns Krankheit und Tod sowie die leicht unangenehme Tatsache, dass er über beide Ohren in Schumanns Ehefrau verliebt war, hatten eine enorme Auswirkung auf ihn: Er merkte plötzlich, dass er nicht mehr komponieren konnte!

Liebesbriefe …

Nachdem Schumann in die Heilanstalt in Endenich gebracht worden war, verbrachte Brahms die meiste Zeit im Haus der Schumanns, sorgte, während Clara auf Konzerttourneen war, für die Kinder und brachte Schumanns wunderbare Musikbibliothek in Ordnung – während dieser Zeit lernte er eine riesige Menge Musik kennen und erwarb dabei viel Wissen über das Komponieren. Auch schrieb er leidenschaftliche Briefe an Clara. Später im Leben gaben sie die Briefe einander zurück, eigentlich mit dem Ziel, diese zu verbrennen. (Brahms liebte Feuer.) Clara zerstörte eine Menge der ihren an ihn – darunter alle aus jener Zeit, in der Brahms in sie verliebt war (und sie in ihn? Wir werden es nie sicher wissen – aber ich bin mir sicher, dass sie es war). Irgendwie überlebten viele seiner Ergüsse an sie, sogar die leidenschaftlichsten. Er wäre wütend geworden, hätte er gewusst, dass wir sie heute lesen können. Später im Leben verbrannte er so viele Briefe an und von ihm, wie er konnte, nur um zu verhindern, dass die Leute in ferner Zukunft über seine Liebe zu verschiedenen Frauen, seine Stachligkeit anderen Freunden gegenüber usw. schreiben würden – so wie ich es gerade tue! Entschuldigen Sie, Herr Igel, dass ich gestört habe; das Problem ist – Sie waren einfach viel zu interessant …

—

Schließlich fand Brahms, dass er sich seinen Lebensunterhalt selbst verdienen – und von Clara wegkommen musste, bevor er vor Liebe zu ihr sterben oder sie heiraten würde (beides furchterregende Aussichten). Er ging daher zurück nach Hamburg, wo er endlich wieder komponieren konnte. Seine Musik hatte sich allerdings verändert. Die Stücke, die er zu Schumann gebracht hatte, klangen wild, frei und modern. Nach seiner fürchterlichen Kreativitätsblockade merkte er, dass sein Weg zurück zum Komponieren in seinen Studien in Schumanns Bibliothek lag. Zukünftig würde er sich in der Vergangenheit abstützen! Seine Musik wurde kontrollierter, ausgewogener – ja, immer ähnlicher den Klassikern der alten Meister. Er verlor sich nicht mehr in ausgefallenen Ideen, wie früher; seine Musik war natürlich immer noch genauso voller Gefühl – doch nun wurden seine seltsamen Einfälle in richtige Geschichten umgewandelt.

Nicht ganz ein Hit …

1858 war er schließlich bereit, ein großes Werk der Öffentlichkeit vorzustellen: Sein erstes Klavierkonzert, eines seiner stürmischsten, gewaltigsten Stücke. Die erste Aufführung in Hannover ging ganz gut, und Brahms setzte große Hoffnungen in die zweite in der wichtigen Stadt Leipzig. Als er es im Konzert spielte, wurde ihm nach und nach bewusst, dass das Publikum es nicht wirklich liebte. Am Schluss stand er auf und blickte ins Publikum; drei Zuhörer versuchten zu klatschen – doch sie wurden sofort von den anderen übertönt, die buhten und zischten. Nicht GANZ der Erfolg, den sich Brahms erhofft hatte.

———

Obwohl er wieder komponierte, wusste Brahms, dass er rascher Geld verdienen musste, als er es mit seinen Kompositionen konnte (vor allem nach dem Desaster in Leipzig). Er begann daher zu unterrichten und als Pianist Konzerte zu geben. Zudem leitete er einen Frauenchor; das gefiel ihm – eine ganze Gruppe hübscher junger Mädchen, die ihn während des Dirigierens voller Verehrung ansahen. Manchmal probten sie im Freien – einmal dirigierte Brahms sie von oben, in einem Baum sitzend! Das muss für alle lustig gewesen sein (außer vielleicht für den Baum).

Kein natürlicher Interpret

Brahms war kein natürlicher Interpret. Es gefiel ihm gar nicht, Konzerte zu geben: Er hatte für Zuhörer nichts übrig und wurde äußerst nervös. Zudem übte er nicht wirklich gern Klavier und musste dazu unter Druck gesetzt werden; besuchte er die Familie Schumann, so schickte ihn die älteste Tochter Marie jeweils direkt nach dem Frühstück zum Üben ans Klavier. Mit dem Alter wurde Brahms beim Spielen immer lärmiger, er grunzte und ächzte, so sehr er nur konnte. Einmal stand ein Freund vor dem Zimmer, in dem Brahms am Klavier komponierte; bei all dem Heulen und Jaulen, das die Musik begleitete, kam der Freund verwundert zum Urteil, dass Brahms sich einen Hund angeschafft haben musste. Schließlich wurde die Tür geöffnet und heraus kam – kein Hund, sondern nur ein verlegen dreinblickender Brahms, der ziemlich verärgert war, dass man ihn bei seinen hundsähnlichen Ergüssen gehört hatte. (Brahms besaß übrigens nie einen Hund; doch er hatte zumindest einen Hund zum Freund, einen Scottish Terrier namens Argos. Argos gehörte einem Schweizer Begleiter von Brahms, der den armen kleinen Hund einmal bei schlechtem Wetter auf einer Bergspitze verlor. Der Mann kehrte allein und elend nach Hause zurück. Drei Tage später, während Brahms zu Besuch war und ihn wahrscheinlich aufzuheitern versuchte, kratzte etwas an der Tür – es war Argos, der irgendwie seinen Weg nach Hause gefunden hatte und nun triumphierend herumsprang! Brahms und sein Freund waren außer sich vor Freude.)

—

Obwohl er seine Wohnung in Hamburg behielt, begann Brahms immer mehr zu reisen – vor allem, nachdem die Hamburgische Philharmonie ihn nicht zu ihrem Leiter ernannt hatte. Er bereiste Deutschland und die Schweiz und spielte und dirigierte dabei seine eigenen Werke und andere Musik. Schließlich musste er sich irgendwo niederlassen und wählte dazu 1869 Wien, die Heimat so vieler großer Komponisten der Vergangenheit. Schließlich nahm er sogar ein Angebot als Dirigent von einer der wichtigsten Musikgesellschaften an und brachte der Öffentlichkeit viele in Vergessenheit geratene alte Meisterwerke näher; doch nach drei Jahren gab er wieder auf – Brahms konnte man nicht an jemanden oder etwas binden. Für den Rest seines Lebens blieb er in Wien und wohnte in einer bescheidenen Mietwohnung mit schönem Blick auf die berühmte Karlskirche direkt vor seinem Fenster. Die lebhafte Stadt mit ihrem geschäftigen Musikerleben und der interessanten Durchmischung von verschiedenen Nationalitäten war genau seine Kragenweite.

Obwohl Wien nun seine Heimat war …

… verbrachte Brahms seine Sommer in Deutschland, Österreich oder der Schweiz auf dem Lande. (Mehrere Male machte er Ferien in Italien, wo es ihm sehr gut gefiel; doch grundsätzlich mied er Länder, in denen nicht Deutsch gesprochen wurde.

In Fremdsprachen war er ein hoffnungsloser Fall!) Während jener Sommer erledigte er den größten Teil seines Komponierens, indem er auf seinen Wanderungen seine neuen Stücke im Kopf durchging. Er sorgte allerdings stets dafür, dass Freunde anwesend waren, falls er Gesellschaft brauchte; er hieß sie sich ihm anzuschließen, wo immer er auch gerade war – und Brahms wurde nicht widersprochen! Manchmal schleppte er sie sogar mit auf Bergwanderungen – eine Beschäftigung, die so gar nicht zu jemandem mit Brahms' Figur (zumindest später im Leben) passt. Gewöhnlich schnaufte er beim Aufstieg und brummelte dabei ständig, wie blöd er doch sei, sich dies anzutun – der Abstieg hingegen versetzte ihn in eine viel bessere Stimmung, da er dem guten Essen und Trinken immer näher kam …

—

Als Brahms älter wurde, hatte er das Gefühl, seine Musik sei altmodisch und die jüngeren, »modischen« Komponisten seien auf dem falschen Weg und würden die Zukunft der Musik ruinieren. Viele von ihnen wurden von Brahms' großem Rivalen Richard Wagner beeinflusst, der riesige Opern schrieb, die auf alten deutschen Legenden basieren. Er war eine überaus anrüchige Person, aber ein großer Komponist – und es war unmöglich, seine Ideen zu ignorieren. Es gab einige Komponisten, die Brahms gut gefielen – insbesondere Johann Strauss, der Walzerkönig, der nebst stapelweise anderer galanter Musik den berühmten Walzer *An der schönen blauen Donau* schrieb, und Dvořák, ein wunderbarer, beinahe kindlicher tschechischer Komponist, der durch Brahms wirklich berühmt wurde. (Brahms ging sogar Dvořáks neue Werke durch und stellte sicher, falls Dvořáks abwesend war und es nicht selbst erledigen konnte, dass keine Fehler darin vorhanden waren, bevor sie zum Drucken geschickt wurden – ein wertvoller Dienst, den ein Komponist dem andern erweisen konnte.) 1890, im Alter von 57 Jahren, glaubte Brahms, er hätte sein letztes Werk geschrieben und es wäre an der Zeit, in den Ruhestand zu treten. Zum Glück kehrte die Inspiration zurück, der er nicht widerstehen konnte. Teilweise ist dies auf das Spiel eines wunderbaren Klarinettisten zurückzuführen, für den Brahms 4 großartige Werke schrieb. Zudem gibt es einige tolle späte Klavierstücke, bei denen er neue Welten erkundete, und sein letztes großes Werk, *Vier ernste Gesänge*, die sich alle mit dem Thema Tod befassen. Es ist nicht gerade lustig – aber es ist schöne und weise Musik.

Brahms auf Platte ...

Obwohl er bei vielem ein altmodischer Kauz war, war Brahms von einigen neuen Erfindungen fasziniert – zum Beispiel vom elektrischen Licht und von der Fotografie. (Er hielt allerdings nichts von Fahrrädern – gemäß Brahms zu schnell und zu lärmig!) Eine neue Erfindung, die er selbst ausprobierte, war ein primitives Aufnahmegerät, das vom großen Thomas Edison erfunden worden war. Es existiert ein Wachszylinder (eine Art uralte Schallplatte), auf dem jemand etwas murmelt – und plötzlich springt uns eine hohe Stimme an, die sagt: »Ich bin Doktor Brahms! Johannes Brahms!« (Zumindest klingt es danach – es ist etwas schwierig zu hören, was gesagt wird – oder wer es sagt.) Man hört viel Kratzen und Rauschen und ein ziemlich verstimmt klingendes Klavier, allerdings nur von Zeit zu Zeit. Anscheinend ist dies Brahms, der seinen eigenen *Ungarischen Tanz Nr. 1* spielt. Es ist frustrierend, aber faszinierend.

—

Der Tod von Clara Schumann 1896 war für Brahms ein schwerer Schlag. Es war furchtbar für ihn, seine engste Freundin zu verlieren; er muss gewusst haben, dass er ihr bald folgen würde. Zu allem Unglück noch nahm er in seiner Eile, rechtzeitig an ihre Beerdigung zu gelangen, zweimal einen falschen Zug und brauchte für die Reise dorthin mehr als 40 Stunden. Als er schließlich, erschöpft und verzweifelt, ankam, hatte die Trauerfeier bereits begonnen.

Neu belebte Freundschaft …

Sein ältester Freund, Joseph Joachim, der ihn den Schumanns vorgestellt hatte, überlebte ihn; doch die Freundschaft erlahmte viele Jahre früher. Brahms störte sich immer an Joachims ständiger Sorge, ob Brahms ihn auch wirklich, wirklich mochte; Igel mögen solche Fragen nicht! Der wahre Bruch kam allerdings, als Joachim sich scheiden lassen wollte, Frau Joachim die Scheidung anfocht und Brahms sich auf ihre Seite schlug. Die beiden Männer redeten jahrelang kein Wort mehr miteinander, doch Joachim spielte weiterhin Brahms' Musik. Schließlich brach Brahms das Schweigen, indem er ein Doppelkonzert für Geige, Cello und Orchester schrieb. Es enthält mehrere kleine Nachrichten an Joachim: ein Zitat aus einem von Joachims Lieblingsstücken, mehrfache Verwendung von Joachims musikalischem Motto »F.A.E.« (was für »Frei Aber Einsam« steht) und eine Reihe von Auseinandersetzungen zwischen der Geige und dem Cello, die alle in ein (musikalisches) Lächeln münden. Joachim konnte nicht widerstehen, und die beiden nahmen ihre Freundschaft wieder auf, wenn auch etwas zurückhaltender als früher. Joachim mag einem manchmal auf den Geist gegangen sein, aber Brahms ebenfalls! Als einer von Joachims Söhnen zur Welt kam, schrieb Brahms ihm einen »Glückwunsch«-Brief und jammerte, dass es nun zu spät sei, dem kleinen Jungen das beste aller Schicksale zu wünschen – nämlich überhaupt nie geboren worden zu sein. Eine charmante Art, Licht und Freude zu verbreiten …

—

Kurz nach Claras Tod begann Brahms selbst krank auszusehen; seine Haut wurde gelb und später beinahe grün. Er verlor Gewicht, auch wenn er es abstritt und als Begründung angab, seine Kleider würden ihm immer noch passen. In Wahrheit stahl sich seine Vermieterin, während er schlief, in sein Zimmer und nähte ihm seine Kleider heimlich ein, damit Brahms nicht merken sollte, wie dünn er geworden war. Bald wurde es offensichtlich, dass er sterben würde (obwohl er selbst seine Krankheit auf die leichte Schulter nahm). Das Wiener Publikum spendete ihm bei einer Aufführung der 4. Symphonie einen wunderbaren Abschiedsapplaus; Brahms nahm den Beifallssturm stehend entgegen, während ihm die Tränen in Bächen über die Wangen liefen. Seine Stacheln wurden weich; seinen Mitmenschen gegenüber zeigte er sich sogar unverhohlen nett! Am 3. April 1897 starb er. Seine letzten Worten waren an einen Freund gerichtet, der ihm ein Glas Weißwein reichte: »Oh, schmeckt das gut! Du bist ein netter Mann.« Für einen stachligen Igel war es eine überraschend sanfte Art zu gehen – doch zu diesem Zeitpunkt schimmerte der wahre Brahms durch.

Ein liebevoller Abschied …

Wien richtete ihm ein prächtiges Begräbnis aus, voller Pomp, Festakt, Musik und Ansprachen. Brahms hätte vielleicht selbst gern ein oder zwei trockene Worte dazu zu sagen gehabt! In seinen Räumen wurden einige Choralvorspiele für die Orgel gefunden, die letzten Stücke, an denen er gearbeitet hatte. Das letzte Vorspiel ist für den Choral *O Welt, ich muss dich lassen*. Wie Bach vor ihm, hinterlässt uns auch Brahms als Abschiedsgruß ein Kirchenlied – wie um uns zu sagen, dass er auf sein Ende vorbereitet gewesen war. Natürlich wählte er Musik, um sich zu verabschieden.

Igor Strawinsky
(1882–1971)

Nun gut, ich geb's zu: Gekochte Eier mag ich nicht besonders. Ich liebe zwar ihren Geschmack, aber ich bin mir nicht sicher, ob sich der Aufwand lohnt. Zuerst einmal schaffe ich es gewöhnlich nicht, das Ei zu öffnen, ohne dass sich dabei widerliche harte Teilchen mit dem Eiweiß vermischen. Dann tunke ich (bei weichgekochten Eiern) gern eine Brotkante hinein, doch dabei schwappt immer Eigelb über und läuft an der Seite hinunter, und ich muss es schnell auftupfen, bevor es gerinnt. Puh. Und doch: wenn ich ein gekochtes Ei unbeschädigt auf dem Frühstückstisch warten sehe, freue ich mich immer – hauptsächlich deshalb, weil es mich an Igor Strawinskys Kopf erinnert. Das ist wirklich eigenartig, denn Strawinsky hatte nie eine Vollglatze, und Eier haben normalerweise weder große Ohren noch eine enorme Nase, auch keine Brille (vor allem eine Brille, die zuoberst auf dem Kopf thront) und sicher keinen Schnurrbart – aber es besteht tatsächlich eine gewisse Ähnlichkeit. Vielleicht deshalb, weil Strawinsky ein Eierkopf war (d. h. sehr klug) und in bestimmten Dingen eine hartgesottene Persönlichkeit, die es verdiente, dass man ihr von Zeit zu Zeit mit einem Kaffeelöffel auf den Kopf klopfte.

Unter seinem Eierkopf glich Strawinskys Körper allerdings eher einer Stabheuschrecke als einem Eierbecher. Er war klein und so dünn, dass beinahe nichts an ihm dran war. Ich habe einmal einen widerlichen Horrorfilm über ein kleines babyhaftes Monster gesehen, das in einen riesigen Verband eingewickelt war. Sein Vater, ein Mensch (eine Art jedenfalls), wollte schließlich nachsehen, was sich unter dem Verband verbarg, und wickelte ihn auf. Zu spät bemerkte er, dass der Verband der eigentliche Körper des Monsters war – und diesen hatte er soeben entfernt! Ziemlich eklig – doch es erinnert mich irgendwie an Strawinsky, vor allem deshalb, weil Strawinsky aus Angst vor Erkältungen dazu neigte, seinen winzigen Körper in Halstücher, Pullover, Mäntel und eine Baskenmütze (die er manchmal auch im Bett trug!) zu hüllen.

Er sah nicht nur aus wie ein Insekt, er benahm sich in vielerlei Hinsicht auch wie eines, so wie ein sehr gepflegtes, ordnungsliebendes Insekt – vielleicht eher wie eine Ameise als eine Stabheuschrecke? Alles, was er besaß – und er hortete eine Menge Sachen –, musste ordentlich sortiert sein; Unordentlichkeit oder Ungeschicklichkeit (oder Leute mit lauten Stimmen) waren ihm ein Gräuel. Wohin er auch ging – er lebte auf seinen Konzertreisen auf der ganzen Welt (als Dirigent und Pianist) und auch sonst in seinem Leben an sehr vielen verschiedenen Orten –, bestand er darauf, dass in seinem Umfeld Ordnung herrschte. Sein Lieblingsort war immer das Arbeitszimmer. Dieses hatte schalldicht zu sein, damit er am Klavier (das gedämpft kaum zu hören war) komponieren konnte, ohne dass ihn jemand hörte. Dort umgab er sich mit seinen Schätzen – Geschenken, Souvenirs, Fotos usw. Auch das Klavier war mit Gegenständen bedeckt: Auf dem Notenständer befand sich ein Brett, woran Skizzen für das gerade in Arbeit stehende Stück geklammert waren, und auf der Seite lagen seine Schreibutensilien, die wie die Instrumente eines Chirurgen glänzten – stählerne Kugelschreiber, Bleistifte, Radiergummis, Spitzer, Metronome, Stoppuhren. Alles an seinem Ort, alles unter Kontrolle – genau so mochte es Strawinsky.

Ob Insekteneierkopf oder nicht, in Bezug auf seine Erscheinung war Strawinsky sehr eitel. Er verbrachte enorm viel Zeit vor Spiegeln, und hatte er einen Pickel auf der Nase, annullierte er vermutlich seine Pläne, das Haus zu verlassen. Ebenfalls weigerte er sich, irgendwo hinzugehen – oder aber er weigerte sich, in einem Zimmer zu bleiben –, wenn er vermutete, er könnte mit Bazillen in Berührung kommen. Nieste oder hustete jemand, war es gut möglich, dass dort ein strawinskyförmiges Loch prangte, wo der Eierkopf gerade noch gewesen war. Diese doch eher extreme Reaktion war für Strawinsky nicht ungewöhnlich; er reagierte auf alles heftig. Über alle möglichen Dinge wollte er alles wissen – und über alle möglichen Dinge wurde er wütend. Es brauchte nicht viel, um Strawinsky zu verärgern: Die kleinste Kritik an seiner Musik genügte bereits. Ebenso jeder Interpret, der eine von Strawinskys Angaben in den Noten ignorierte (und eigentlich jeder Interpret, der für die Aufführung eines Stücks mehr verdiente, als Strawinsky mit dessen Komponieren verdient hatte). Auch Steuern machten ihn fuchsteufelswild. Strawinsky liebte Geld über alles – allein der Gedanke, dass jemand es ihm wegnehmen könnte, brachte ihn zum Schäumen. Er sparte auf jede Art, die er sich denken konnte. Bemerkte Strawinsky beispielsweise, dass er einen Brief bekommen hatte, dessen Briefmarke die Post nicht abgestempelt hatte, dann vergaß er sicher nicht, sie zu entfernen und wieder zu verwenden. (Auf diese Weise beschädigte er mehrere Briefe berühmter Leute – Briefe, die hundertmal mehr wert gewesen wären als die Briefmarken!) Er verbrachte kostbare Zeit mit dem Abschreiben von Noten, anstatt jemanden fürs Abschreiben zu bezahlen; und er zerbrach sich den Kopf, um einen Weg zu finden, in einem Telegramm möglichst viel Informationen in möglichst wenigen Worten weiterzugeben, da zusätzliche Worte zusätzliche Gebühren auslösten. Bat ihn jemand, ein neues Stück zu schreiben oder ein Konzert zu geben, so setzte sich Strawinsky in Bewegung und ruderte mit seinen Insektenbeinen in der Luft (metaphorisch gesprochen, füge ich eiligst hinzu), um so viel Geld wie möglich anzulocken. Hmmm … er liebte dieses Zeugs. (Gerechterweise muss gesagt werden, dass es Zeiten gab, in denen er Geld dringend brauchte, insbesondere während und kurz nach dem Ersten Weltkrieg, als er von seinem Besitz in seiner Heimat Russland abgeschnitten war und nicht nur seine erste Ehefrau Catherine und ihre 4 Kinder durchfüttern musste, sondern ebenfalls Catherines Schwester und deren Familie – das sind viele Mäuler und Mägen!)

Da wir gerade von Ehefrauen reden: Strawinskys zweite Ehefrau, Vera, war eine weitere große Liebe seines Lebens. Sie war charmant, schön, lebhaft und eine talentierte Malerin – und sie kam mit Strawinsky und seinen Wutanfällen zurecht! Und sie war so ziemlich das Gegenteil der ernsten, tief religiösen Catherine, die vermutlich vor ihrem Ehemann fürchterliche Angst hatte. Während Catherine ihn in ihren Briefen schüchtern tadelte, weil er seine religiösen Pflichten vernachlässigt hatte, forderte Vera in ihren Briefen von ihm den neuesten Klatsch: »Sag mir, wer unterhaltsam war und wer albern.« Ich bin sicher, dass Strawinsky auch Catherine und die Kinder geliebt haben muss – doch er hatte eine seltsame Art, es zu zeigen. Catherine war seine Cousine ersten Grades, und Strawinsky war mit ihr aufgewachsen; sie heirateten, als sie beide noch sehr jung waren, lange bevor Strawinsky berühmt wurde. Nachdem er erfolgreich geworden und noch während er mit Catherine verheiratet war, hatte Strawinsky mehrere ziemlich öffentliche Liebesaffären, wovon die ernsthafteste jene mit Vera gewesen war (ebenfalls noch verheiratet, als sie sich ineinander verliebten). Da Strawinsky grundsätzlich ein sehr religiöser Mann war, ein russisch-orthodoxer Christ, der fest an Gott und den Teufel glaubte (und sich ständig bekreuzigte), fühlte er sich wahrscheinlich sehr schuldig; doch er führte die Affären trotzdem weiter.

Die arme Catherine war während eines großen Teils ihres Lebens sehr krank und verbrachte viel Zeit in einem Sanatorium;

Strawinsky war oft wegen Konzerttourneen oder Sitzungen auf Reisen und nahm Vera regelmäßig mit. Catherine war manchmal auf Vera angewiesen, um etwas über ihren eigenen Ehemann zu erfahren! Zudem wurde Catherine manchmal mit kaum genug Geld zum Leben zurückgelassen, während Strawinsky mit Vera im Luxus herumtollte. Catherine musste dann jeweils beiden Bettelbriefe schreiben und sie bitten, ihr Geld zu schicken! Das war, gelinde gesagt, eine schwierige Situation – aber das Seltsame daran war, dass sich beide Frauen scheinbar praktisch ohne Klagen damit abgefunden haben und sogar (wenigstens oberflächlich) miteinander befreundet waren. Äußerst befremdlich; doch Strawinsky hatte eine außergewöhnliche Art, alle um ihn herum dazu zu bringen, genau das zu tun, was er wollte. Er war unverblümt, wenn es um das Benutzen von Menschen ging. Als der Dirigent Ernest Ansermet, der viele von Strawinskys früheren Werken bekannt machte, ihm Ende 1929 schrieb und ihm zu 12 sehr produktiven Monaten gratulierte, schrieb Strawinsky zurück, stimmte ihm rückhaltlos zu, dass er in jenem Jahr wundervolle Musik geschrieben hatte, und fügte dem an: »Was sollte ich für Sie wünschen (d. h. für das neue Jahr), Egoist, wie ich bin, als die Weiterführung ihrer großartigen Tätigkeit, meine Musik zu propagieren?« Hmm … jemand anders hätte ihm vielleicht Gesundheit, Glück und Erfolg in allem, was er tat, usw. gewünscht – aber nicht Strawinsky. Nun gut – wenigstens war er sich bewusst, dass er ein Egoist war.

Eine andere von Strawinskys Leidenschaften gehörte dem Alkohol – insbesondere dem Whisky. Er trank ihn jeden Tag über den ganzen Tag verteilt, wenn er halbwegs dazu Gelegenheit hatte; wie er einmal selbst sagte: »Ich sollte eigentlich Strawhisky heißen!« Im hohen Alter tat ihm der Whisky manchmal besser als jede Medizin; doch viele Male tat er ihm überhaupt nicht gut. Einmal beispielsweise hatte er die Gelegenheit, einen großartigen Maler namens Marc Chagall zu treffen, um über eine mögliche Zusammenarbeit zu sprechen. Dummerweise nahm Strawinsky vor dem Treffen auswärts ein Mittagessen ein und trank dabei so viel, dass er zum Zeitpunkt, an dem er Chagall treffen sollte, tief und fest schlief und ihn niemand aufwecken konnte. Komischerweise kam die Zusammenarbeit nicht zustande! Ein anderes Mal ehrte ihn die Regierung der USA mit einem Bankett im Weißen Haus, bei dem der damalige Präsident John F. Kennedy der Gastgeber war. Strawinsky betrank sich fürchterlich, musste vom Präsidenten auf die Männertoilette geführt und früh nach Hause gebracht werden, eine große Blamage – zumindest in Veras Augen. Allerdings war sie erleichtert, dass ihr Ehemann es nicht geschafft hatte, den Präsidenten in eine Ecke zu ziehen und nach einer Umgehungsmöglichkeit beim Bezahlen der Steuern zu fragen, wie es eigentlich sein Plan gewesen war – Strawinsky konnte so peinlich sein! (Übrigens, als Kennedy kurz darauf ermordet wurde, sandte Strawinsky seiner Witwe ein Kondolenztelegramm – doch er wollte es nachts schicken, um von den billigen Nachttarifen zu profitieren. Wiederum war Vera von ihm gar nicht beeindruckt.)

Noch eine andere von Strawinskys Besessenheiten war seine eigene Gesundheit – trotz seiner Vorliebe für Alkohol, schweres Essen und Rauchen. (Hmm … mir ist aufgefallen, dass alle Komponisten in diesem Buch gern Alkohol, Tabak und Kaffee hatten; kein Wunder, sind sie alle tot!) Er führte detailliert ein medizinisches Tagebuch, in das er alle Medikamente, die er ständig einnahm, und seine Symptome eintrug. So wie Strawinsky eben war, erwartete er von allen um ihn herum, dass sie genau so um seine Gesundheit besorgt waren wie er selbst; sogar als Catherine im Sterben lag, schrieb er ihr lange Briefe, in denen er sich über seine Gesundheitsprobleme beklagte. Es trifft zu, dass es Zeiten gab, in denen er ernsthaft an Tuberkulose und anderen Krankheiten erkrankt war, sogar in ziemlich jungen Jahren; doch er war auch ein Hypochonder. Zum Beispiel rief ihn einmal unerwartet ein Reporter an und bat ihn um ein Interview, als es Strawinsky nicht danach war, eines zu geben; nur als Entschuldigung erfand er aus dem Stegreif, dass er nicht sprechen könne, weil er an einer Erkältung leide – und darauf vergaß er, dass er sie nur aus Bequemlichkeit erfunden hatte, und lief den Rest des Tages mit einer Jammermiene herum und war überzeugt, tatsächlich erkältet zu sein!

Von all seinen vielen Vorlieben, Leidenschaften und fixen Ideen war ihm die Musik natürlich am wichtigsten. Als er, schon ein sehr alter Mann, im Krankenhaus lag, fragte ihn eine Krankenschwester, ob er irgendetwas wünsche. »Ich will arbeiten [d. h. komponieren]«, antwortete Strawinsky, »und wenn ich nicht arbeiten kann, dann will ich sterben.« Ich glaube nicht, dass irgendein Komponist seine eigene Musik je ernster genommen hat als Strawinsky (obwohl er auch viele leichte, humorvolle Stücke schrieb). Er war davon überzeugt, dass wirklich jedes seiner Werke wichtig war, und wenn er gefragt wurde, welches Stück er besonders empfehlen könnte, antwortete er: »Ich empfehle ALLE meine Werke.« Sein ganzes Leben drehte sich ums Komponieren. Aber auch das Aufführen seiner Musik – zuerst als Pianist und dann immer häufiger als Dirigent – war ihm sehr wichtig und nahm einen großen Teil seiner Zeit in Anspruch, da dies auch Reisen in der ganzen Welt einschloss. Doch der Hauptgrund für seine häufigen Auftritte lag darin, dass er dabei mehr verdiente als mit dem Komponieren (sollte meiner Meinung nach eigentlich umgekehrt sein, doch so war es) und dass sie ihm erlaubten, seine Stücke so aufzuführen, wie er es haben wollte. Es kam selten vor, dass er eine fremde Aufführung eines seiner Stücke hörte und nicht wütend wurde. (Wenn er ein Konzert eines Berufskollegen besuchte, musste er wahrscheinlich auch Werke eines anderen zeitgenössischen Komponisten anhören, die er normalerweise hasste. Er hatte ein ziemlich großes Talent, anderer Leute Musikstücke nicht hören oder begutachten zu müssen. Einmal war ein bedauernswerter junger Mann so naiv, Strawinsky zu bitten, sich die neue Symphonie einmal anzusehen, die er gerade geschrieben hatte. Strawinsky ließ ihn am nächsten Tag ins Hotel kommen. Wie geheißen, kam der Komponist mit seiner Symphonie. »Ich bin jetzt zu beschäftigt«, sagte Strawinsky. – »Wann darf ich Ihnen meine Symphonie denn zeigen?«, fragte der junge Komponist. Strawinsky sah in seiner Agenda nach. »Morgen – nein. Nächste Woche – nein.« Er blätterte seine gesamte Agenda durch und klappte sie zu. »Wie wäre es mit nie – würde Ihnen das passen?« Nun ja … nicht gerade die netteste Geschichte.)

Musik (und bis zu einem gewissen Ausmaß auch die anderen Künste, denn Strawinsky lag sehr viel an Malerei – er war selbst ein talentierter Kunstmaler –, Theater, Literatur, Tanz usw. und er kannte sich in diesen Sparten auch sehr gut aus) bildete den Mittelpunkt seines Lebens – seine eigene Musik natürlich nur. Andere Leute mussten das zuerst merken, und wenn sie sich mit ihm anfreunden wollten, mussten sie sicherstellen, dass Strawinskys Musik auch der Mittelpunkt ihres Lebens war – sonst interessierte sich Strawinsky nicht für sie. Hmm … ein weiterer, wenig charmanter Charakterzug. Vermittle ich dir einen schlechten Eindruck von ihm? Es stimmt schon, dass Strawinsky nicht immer einer der freundlichsten Menschen war; ich bin mir sicher, dass er einerseits ein schimmerndes, empfindliches Insekt mit einem tödlichen Stachel war. Doch andererseits war er eine faszinierende Persönlichkeit – unglaublich lebhaft und intelligent, in deren Kopf ständig neue und packende Ideen herumschwirrten. Oft war er sehr komisch und konnte manchmal sogar überraschend großzügig sein. Auch konnte er – besonders, als er älter wurde, vermute ich – auf seltsame und unwiderstehliche Art charmant sein.

Von den 6 Komponisten in diesem Buch ist er natürlich der einzige, den wir noch in alten Fernsehfilmen sehen und auf vielen Aufnahmen hören können und von dem es Berichte aus erster Hand von heute noch lebenden Menschen gibt. Deshalb sollte es ziemlich einfach sein, sich einen Besuch bei ihm in seinem Haus in Hollywood im Jahr, sagen wir, 1947 vorzustellen, als Strawinsky ein rüstiger 64-Jähriger war und Vera eine temperamentvolle 59-Jährige. Wir würden es allerdings nicht wagen, ihn zu besuchen, ohne dass er und Vera uns zuvor eingeladen hätten. Wären wir unerwünscht, wäre es Strawinsky ohne Weiteres zuzutrauen, dass er selbst die Türe öffnen und uns sagen würde, er sei nicht zu Hause! Doch solange sie uns erwarteten, würden die Strawinskys uns in ihrem kleinen, vollgestopften Haus freundlich empfangen. Wenn wir früh genug kämen, würden wir möglicherweise von Strawinskys Füßen begrüßt werden, die über die Balkonbrüstung in den Himmel ragen. Er hatte einen geregelten Tagesablauf, und dazu gehörten auch kraftvolle Turnübungen, die er regelmäßig ausführte. »Jeden Morgen bete ich 15 Minuten, turne 15 Minuten und rasiere mich 15 Minuten.« (Das ist sehr viel Zeit fürs Rasieren!) Es wäre natürlich auch möglich, dass wir ihn gar nicht zu Gesicht bekämen, nämlich dann, wenn er bei unserer Ankunft in seinem Arbeitszimmer hinter geschlossener Türe beschäftigt wäre, und wehe dem, der so töricht war, sie zu öffnen!

Schlenderten wir während der Zeit, in der wir darauf warteten, ihn aus seinem »stillen Kämmerchen« kommen zu sehen, umher, fänden wir vielleicht eine Notiz von Vera, die sie daran erinnern sollte, was sie an diesem Tag alles zu erledigen hatte. Auf diesen Zetteln kritzelte Strawinsky zuoberst immer hin: »Zuerst musst du mich küssen.« Zur Mittagszeit begab sie sich gewöhnlich in den Flur neben seinem Arbeitszimmer und klatschte in die Hände, das Zeichen, dass das Essen bereitstehe. Vorausgesetzt, dass auch Strawinsky bereit war, antwortete er mit einem Händeklatschen und kam heraus. »Wie geht es Ihnen, Mr. Strawinsky?«, würden wir fragen. »So lala«, würde er wahrscheinlich mit einem deutlich erkennbaren russischen Akzent antworten. Dann setzten wir uns fürs Mittagessen, das wahrscheinlich mit viel Alkohol hinuntergespült wird. (Ich bin überzeugt, dass du dabei nicht mitmachen würdest?!) Während der Mahlzeit könnte sich das Gespräch von einer faszinierenden Schmährede über Musik oder die Kunst im Allgemeinen bis zu einer unnötig bildhaften Beschreibung von Strawinskys letzten Aktivitäten im Bad erstrecken – für uns Gäste während des Essens vielleicht nicht gerade das perfekte Gesprächsthema, doch er nähme an, dass es uns in Begeisterung versetze. Es könnte längere Pausen geben, nämlich dann, wenn er sich für ein englisches Wort zu interessieren begänne und vom Tisch aufstünde, um es im Wörterbuch nachzuschlagen. Sprachen faszinierten ihn – er sprach 4 fließend, verwendete 7 in seiner Musik und hatte ein ganzes englisches Wörterbuch für sich selbst geschrieben, als er in Amerika Wohnsitz nahm. Nach dem Mittagessen würden wir vielleicht Popka, dem Papagei, vorgestellt, der im Zimmer umherfliegen durfte – und sich möglicherweise auf unseren Köpfen niederlassen würde (nun gut, solange das alles ist). Wahrscheinlich würde Popka daraufhin sein Kunststückchen vorführen: Das Öffnen der Käfigtür seines Freundes Lissaja Duschka (kahler Liebling), des Kanarienvogels, sodass zwei Vögel im Zimmer umherschwirrten. (Draußen auf der Veranda stand auch noch ein Käfig voller Turteltauben.) Wir würden auch Wasska, den Kater, kennenlernen, eine sehr wichtige Person – und äußerst verwöhnt. Als die Strawinskys einen weiteren Kater bei sich aufnahmen, war Wasska so verstört und eifersüchtig, dass er krank wurde. Die Strawinskys setzten schließlich den anderen bedauernswerten Kater 16 Kilometer von ihrem Haus entfernt aus, mit einem Zettelchen um den Hals, das die Aufschrift trug, das Tier sei zur Adoption freigegeben – furchtbar! (Doch der schlaue Kater fand zum Haus der Strawinskys zurück.)

Irgendwann müsste Strawinsky sich der Post widmen; er erhielt so viel Post, dass er gezwungen war, sich einen extragroßen Briefkasten anfertigen zu lassen. Ein großer Teil davon war Post von seinen Anhängern, die um ein Autogramm baten. Er dachte allerdings nur dann überhaupt daran, auf diese Bitte einzugehen, wenn ein frankierter, an den Absender adressierter Briefumschlag beigelegt wurde. Es könnte auch ein Brief von jemandem dabei sein, den er in der fernen und finstern Vergangenheit einmal gekannt hatte; solche Briefe beachtete er sehr wahrscheinlich gar nicht – Strawinsky lebte in der Gegenwart. Und dann könnten sich auch zugesandte Zeitungsartikel oder Briefe, in denen von seiner Musik die Rede war, darunter befinden: Diese versah er mit (meistens wütenden) Randkommentaren. Und schließlich gab es auch noch Geschäftsbriefe im Hinblick auf kommende Konzerte – die er gewöhnlich mit einer Forderung nach mehr Geld, nach mehr Zeit für Proben usw. beantwortete.

Wenn er die Post erledigt hatte und daraufhin entscheiden würde, für den Rest des Tages aufs Arbeiten zu verzichten, würde er sich wahrscheinlich ein Glas mit schwachem Tee, Marmeladenbrote und Kuchen sowie eine Partie Solitär gönnen – zwei, falls er die erste Partie verlieren würde. Danach könnte er uns auf einen Einkaufsbummel mitnehmen. Das Einkaufen nahm er immer sehr ernst, und er wanderte gern in den Supermärkten die Gänge auf und ab, wo er die ordentlich aufgestapelten Waren in den Regalen bewunderte. Doch bevor er irgendetwas kaufte, erkundigte er sich jeweils argwöhnisch: »Wie viel kostet das?« Oder, wenn wir kein Glück hätten, würde er uns in ein Kino schleppen, wo er den Film mit lauter Stimme laufend kommentieren und alle verärgern würde. Danach würde er uns (wenn er uns wirklich freundlich gesinnt wäre) in ein protziges Restaurant ausführen, wo er die besten Speisen und Getränke bestellen, die Kellner herumkommandieren und geistreiche Konversation machen würde (nicht ohne gelegentlich innezuhalten, um auf dem Tischtuch Zeichnungen anzufertigen, und zwar von jeder Frau im Restaurant, deren Formen ihm gefielen).

Vielleicht würde Strawinsky uns lebhaft seine Träume beschreiben. Er erinnerte sich immer deutlich an sie und behauptete, dass er die meisten seiner musikalischen Probleme im Schlaf löse. Wahrscheinlich würde er ein Wortgefecht anzetteln oder wüste Sachen über die Musik anderer Komponisten sagen – »Wer braucht es?« (seine bevorzugte Art, Abscheu auszudrücken). Wenn er jedoch in guter Stimmung war – und Vera würde versuchen, ihn auf Themen zu lenken, die ihn bei Laune hielten (»Er ist sehr nett, wenn er nicht über Musik nachdenkt«, war ihre Überzeugung) –, hatte man viel Spaß mit ihm, und wir würden bis spät in die Nacht hinein feiern, wahrscheinlich bis Strawinsky ankündigte: »Ich bin ›betronken‹!« Dann ginge es zurück zu ihrem Haus und falls du dort übernachten würdest, so stünde dir kein Bett, sondern das Sofa zur Verfügung (die Strawinskys hätten vor deinem Besuch brieflich deine Maße erfragt, um sicherzugehen, dass du auf ihr berühmtes Sofa passen würdest), und bald hieße es Lichterlöschen, oder Strawinsky erschiene nochmals und schimpfte dich aus, weil du noch nicht schlafen würdest – er tat das bei jedem. Jetzt wäre es wohl das Beste, vor einem weiteren Tag mit diesem ständig aktiven Eierkopfinsekt eine Mütze Schlaf zu nehmen …

Die Musik

Die Musik von Strawinsky ist schwieriger zu beschreiben als die Musik der anderen Komponisten in diesem Buch. Auch wenn sich bei ihnen der Kompositionsstil im Lauf ihres Lebens stark veränderte, blieb ihre musikalische Sprache immer dieselbe, sie wurde einfach individueller und dadurch einzigartig. Bei Strawinsky änderten sich der gesamte Stil und die gesamte Sprache völlig, und das mehrere Male. Dem Charakter nach blieb sie eindeutig diejenige Strawinskys, doch es ist wie mit einem Schriftsteller, der, nachdem er seine ersten Romane auf Russisch geschrieben hat, erst ins Französische, dann ins Englische und schließlich ins Deutsche wechselt. Viele von Strawinskys früheren Werken weisen Einflüsse aus Volksmärchen und Bräuchen seines Heimatlandes Russland auf – viele geheimnisvolle, primitive Rituale (Strawinsky liebte Rituale) und fremdartige Tänze. Als er sich dann mehr und mehr von Russland abgeschnitten fühlte, lehnte er sich an die Musik des 18. Jahrhunderts an, sodass einige seiner Stücke halb nach alter Musik und halb nach Strawinsky klingen. (Wie er selbst sagte: »Die Vergangenheit ist ein Nest, in das ich getrost meine Eier lege.«) Und als er nach dem Zweiten Weltkrieg für einen Besuch nach Europa zurückkehrte, bekam er schließlich das Gefühl, dass seine Musik im Vergleich zu dem, was dort geschrieben wurde, altmodisch sei. Danach schrieb er vermehrt »moderne« Musik – voller Dissonanzen, in der sich Noten gegenseitig bekämpfen, anstatt sich zu wunderschönen Akkorden zu vermischen.

Auch Strawinskys Ansicht über die Bedeutung der Musik unterscheidet sich deutlich von derjenigen der anderen Komponisten. Während beispielsweise Schumann feststellte, dass alles, was in seinem Leben geschah, unmittelbar den Weg in seine Musik fand, war Strawinsky der Meinung, dass sein Leben nichts mit Musik zu tun hätte. »Musik ist nur Musik«, pflegte er zu sagen. Es war nicht so, dass er glaubte, sie würde nichts aussagen, doch er war der Auffassung, dass Musik ihre eigenen und nicht unsere alltäglichen, menschlichen Gefühle ausdrücke. Sogar wenn er seine Musik mit Worten unterlegte, war er mehr am Klang der Wörter als an ihrer Bedeutung interessiert.

Strawinsky war von allen Klängen, alt wie neu, fasziniert. Er liebte die elegante Musik des 18. Jahrhunderts; er war aber auch offen für Jazz und schrieb Ragtimes und Polkas. Wenn er auf ein volkstümliches Instrument stieß, das er nicht kannte, war er davon jeweils sehr fasziniert; und er probierte mit Orchesterinstrumenten ständig neue Kombinationen aus. (Er hatte ein erstaunliches Hörvermögen: Er konnte im Lärm eines überfliegenden Flugzeugs 7 verschiedene Tonhöhen ausmachen.) Teilweise deshalb wird das Kennenlernen seiner Musik zu solch einem Abenteuer: Er probierte ständig etwas Neues und Unerwartetes aus. Ich muss sagen, dass einige seiner Stücke in meinen Ohren eher wie Experimente klingen als wie großartige Musik. (Vielleicht kenne ich sie nicht gut genug oder kann sie nicht verstehen; doch so geht es mir – wie wütend wäre Strawinsky gewesen, hätte er dies gelesen! Ohne Zweifel hätte er in Rot und dick unterstrichen an den Rand geschrieben: »Also, wenn er sie nicht versteht, warum schreibt er dann darüber?« Entschuldigung, Herr S. – ich äußere nur meine Meinung. »Wer braucht das?«) Doch was die wichtigsten Meisterwerke betrifft: Nun ja, er mag gesagt haben, dass seine Musik keine menschlichen Gefühle ausdrückt, aber er sagte sicher nie etwas darüber, dass wir keine menschlichen Gefühle haben dürfen, wenn wir sie hören! Die Farben, die Rhythmen, die außerirdischen Klänge; er kann dich zum Lachen bringen, er kann dich zum Weinen bringen, er kann dich zum Tanzen bringen – ja, er kann dich sogar ein bisschen verrückt werden lassen! Und das ist ein wunderbares Gefühl …

Was könntest du hören?

Ich würde empfehlen, mit den drei großen Ballettwerken zu beginnen, die Strawinsky berühmt gemacht haben: *Der Feuervogel, Petruschka* und *Le Sacre du Printemps* (Das Frühlingsopfer). Der *Feuervogel* ist voll von herrlich leuchtenden Farben und lebhaften Charakteren; *Petruschka* handelt von einer Puppe, die auf einem Marktplatz zum Leben erwacht, und ist ein lebhaftes, zauberhaftes und humorvolles Stück. Doch am großartigsten ist meiner Meinung nach *Le Sacre du Printemps*. Als dieses Stück 1913 zum ersten Mal in Paris aufgeführt wurde (als Ballett, obwohl es die Tänzer eigentlich gar nicht braucht – die Musik an sich ist schon schwer genug zu verkraften), kam es zu Tumulten! Die Leute johlten und jubelten, buhten und riefen Bravo!, brüllten und kreischten; es entbrannten Schlägereien, und die Polizei musste gerufen werden. (Ein Jahr später wurde die Musik nochmals als Konzert aufgeführt und löste wiederum einen Tumult aus – doch diesmal aus hundertprozentiger Begeisterung; Strawinsky wurde von einer riesigen Menschenmenge hochgehoben und im Triumph durch die Straßen von Paris getragen.) Es überrascht nicht, dass *Le Sacre du Printemps* die Leute verrückt machte: Von einer alten russischen Zeremonie zur Begrüßung des Frühlings inspiriert, ist das Stück voller merkwürdiger, hypnotischer Klänge, heftig stampfender Rhythmen und wilder Leidenschaft. Hör es dir an – es ist eine unglaubliche Erfahrung. (Disney verwendete im alten Film *Fantasia* einige Passagen aus *Le Sacre du Printemps* als Begleitmusik für kämpfende Dinosaurier; Strawinsky äußerte sich darüber verächtlich – aber ich finde, dass Disney nicht ganz unrecht hatte.

Es gibt noch eine Menge weitere, wundervolle Musik: *Les Noces*, geschrieben für Chor, Perkussionsinstrumente und 4 Klaviere, beschreibt auf eine seltsame und doch faszinierende Art einen anderen alten russischen Festbrauch, diesmal eine Bauernhochzeit. Die *Psalmensymphonie*, ein vollstimmiges, vertrauensvolles Loblied, ist »der Ehre Gottes« gewidmet. Oder versuch es einmal mit *Renard*, einem musicalähnlichen Stück, das auf einem russischen Volksmärchen über einen bösen Fuchs basiert. Es gibt auch einige kürzere, lustige Stücke, wie *Ragtime* für 11 Instrumente oder *Circus Polka*, geschrieben für 50 tanzende Elefanten! (Es ist nicht überraschend, dass sich ein seltsames Gespräch entwickelte, als Strawinsky angerufen und gebeten wurde, dieses Stück zu schreiben. »Wofür?«, fragte Strawinsky. »Für Elefanten.« – »Wie viele?« – »Viele.« – »Wie alt?« – »Jung.« – »Wenn sie jung sind, dann nehme ich den Auftrag an.«) Wenn du dir etwas von seinen späteren, eher raueren Stücken anhören möchtest, empfehle ich insbesondere sein letztes Hauptwerk, *Requiem Canticles* (das an seiner eigenen Beerdigung gespielt wurde): Es ist eigentümlich, nicht von dieser Welt – und auf düstere Art wunderschön. Wenn du etwas wirklich Verrücktes hören möchtest, versuche sein allerletztes Werk, ein Lied mit dem Titel *The Owl and the Pussycat* (Die Eule und das Kätzchen). Das ist ideale Musik für Kinder – allerdings für Kinder von Außerirdischen! Doch natürlich hat's etwas.

Selbstverständlich sind das nur eine Handvoll der vielen und immens unterschiedlichen Werke. Ich bin mir sicher, dass du einige viel mehr mögen wirst als andere. Generell würde ich empfehlen, dass du mit jenen drei Ballettwerken beginnst, vor allem mit *Le Sacre du Printemps* – und dann auf Entdeckungsreise gehst …

Fakten und Anekdoten

Strawinsky wurde 1882 in Sankt Petersburg, Russland, geboren. Er hatte zwei ältere Brüder, die er nicht wirklich mochte, einen Vater, der ein berühmter Sänger, aber ein sehr distanzierter Vater war, und eine Mutter, die er nicht ausstehen konnte – er hielt sie für grausam und Furcht einflößend, sogar noch als alte Frau.

Das einzige Familienmitglied, das ihm wirklich nahestand, war sein jüngerer Bruder Guri.

Frühe Erinnerungen ...

Strawinskys erste musikalische Erinnerungen stammen vom ländlichen russischen Leben, denn seine Familie pflegte den Sommer auf dem Land zu verbringen. Er begegnete dort einem riesig großen Bauern mit leuchtend rotem Haar, der zwar nicht sprechen konnte, aber zwei Silben so schnell hintereinander glucksen, dass sich (so etwas wie) ein Lied ergab. Er begleitete sich selbst, indem er mit der Hand unter der Achselhöhle unanständige Geräusche machte. Welche Inspiration das gewesen sein musste! Strawinsky entwickelte auf dem Land auch seinen ersten Geschmack fürs Geldverdienen. Er und sein Bruder Guri fingen Spinnen (wahrscheinlich harmlose Arten wie den Weberknecht), sperrten sie in Gläser, erzählten ihren Freunden, die Spinnen seien in Wahrheit tödliche Taranteln, und kassierten bei allen, die die gefährlichen Tiere ansehen wollten, Geld. »Der Gewinn war ausgezeichnet«, erinnerte sich Strawinsky stolz. Hmm ...

—

Obwohl ihn die Musik seit je fasziniert hatte, war Strawinsky kein Wunderkind. Als Kind zeigte er kein besonderes Talent, und er wurde von seinen Eltern gezwungen, an die Universität zu gehen und Recht zu studieren (wie Schumann). Der Wendepunkt kam 1902, als Strawinsky im Alter von 20 Jahren dem berühmten Komponisten Rimsky-Korsakow (ein wunderschöner Name!) vorgestellt wurde. Rimsky ermutigte ihn, Komposition zu studieren, jedoch nicht am Sankt Petersburger Konservatorium; er erkannte, dass Strawinsky für einen solch traditionellen Ort viel zu ausgefallen war. Strawinsky wurde zuerst von einem von Rimskys Studenten unterrichtet und später vom großen Meister persönlich.

Ein zweiter Vater …

Strawinsky stand Rimsky-Korsakow, der für ihn zu einem zweiten Vater wurde, sehr nahe – vor allem, da Strawinskys eigener Vater 1902 gestorben war. Der Tod von Rimsky 1908 war für Strawinsky ein herber Schlag. In späteren Jahren jedoch hatte er mit der Familie von Rimsky-Korsakow eine Auseinandersetzung – danach waren sie sich spinnefeind. Als Strawinsky 1962 nach Russland zurückkehrte, wurde Rimskys Tochter eingeladen, ihn zu besuchen, doch sie weigerte sich. Sie meinte: »Wir mochten uns vor 50 Jahren nicht, warum sollten wir uns jetzt mögen?«

—

Strawinsky heiratete Catherine 1906. Ihre Hochzeit musste in aller Stille stattfinden und wurde von einem nicht allzu gewissenhaften Priester außerhalb von Sankt Petersburg vollzogen, da die russisch-orthodoxe Kirche Cousinen und Cousins ersten Grades zu heiraten verbot (einander natürlich!). Das Paar würde 4 Kinder haben: Théodore, Ludmilla, Soulima und Milena.

Eine schwierige Familie …

Strawinsky war wahrscheinlich kein großartiger Vater, schließlich kann es für seine Kinder nicht besonders angenehm gewesen sein, dass er mit Vera anbändelte, als ihre Mutter noch lebte, und es muss schwierig für sie gewesen sein, leise zu sein, während ihr Vater komponierte – doch wenigstens schrieb er lustige Stücke für sie, als sie klein waren, und später, als sie erwachsen wurden, bemühte er sich, sie in ihrem Beruf zu unterstützen. Soulima, ein Pianist, trat in vielen Konzerten gemeinsam mit seinem Vater auf; und für Théodore, einen Kunstmaler, versuchte Strawinsky im Theater eine Anstellung als Bühnenmaler zu finden. Doch bedauerlicherweise standen Strawinsky und besonders Vera am Ende seines Lebens mit den überlebenden Kindern auf sehr schlechtem Fuß. Es gab Gerichtsverhandlungen, und an Strawinskys Beerdigung ignorierten sich die »Kinder« (damals über 50 und 60 Jahre alt) und Vera völlig – das klingt nach einer Familie aus einer Seifenoper, doch mit einem traurigen Ende.

—

Strawinsky wurde als Komponist schlagartig berühmt, als die Ballets Russes (Russische Ballette) den *Feuervogel* 1910 in Paris aufführten. Die Ballets Russes waren eine Tanztruppe, die von einem außergewöhnlichen Mann namens Sergej Diaghilew (tut mir leid, schon wieder so ein schwieriger russischer Name!) geleitet wurde. Seine Truppe schuf mit ihren Aufführungen von Opern und Balletten in Paris und andern Städten eine Sensation – nichts ähnelte dem, was man zuvor gesehen hatte! Diaghilew hatte ein Gespür dafür, für seine Produktionen die richtigen Tänzer, Sänger, Choreografen (das sind Leute, die die Tänze arrangieren), Komponisten, Maler (für die Bühnenbilder – sie waren immer ein wichtiger Teil seiner Shows), Kostümdesigner, Autoren usw. zu finden. Dank Diaghilew wurde Strawinsky beinahe über Nacht ein berühmter Mann.

Wilde Zeiten …

Es muss für Strawinsky ein großartiges Gefühl gewesen sein, zu den Ballets Russes zu gehören. Er lernte viele der größten Künstler kennen und freundete sich mit ihnen an. Alle nahmen ihre Arbeit unglaublich ernst und waren überzeugt davon, damit die Welt zu verändern. Der Nachteil war, dass jeder glaubte, sein Beitrag sei der wichtigste – also dachten die Tänzer und Sänger, sie seien die Stars; die Choreografen meinten, sie hätten die Show geschaffen, die von der Musik im Hintergrund nur begleitet würde; die Autoren dachten, auf ihre Geschichten käme es am meisten an, und die bildenden Künstler hielten ihre Bilder und Designs für die Hauptattraktionen. Du kannst dir ja vorstellen, was Strawinsky für das Wichtigste hielt! Daraus entstanden viele Streitereien, doch sie hatten auch viel Spaß miteinander.

Gelegentlich gab es Feste, bei denen alle betrunken waren und Strawinsky manchmal anfing, durch Reifen zu hüpfen oder allen Gästen Kissen an den Kopf zu werfen (wenn er betrunken genug war). Und von Zeit zu Zeit war es sehr dienlich, eine berühmte Persönlichkeit zu sein. In Neapel, Italien, hatten Strawinsky und Pablo Picasso, der wahrscheinlich berühmteste Maler des 20. Jahrhunderts, einmal zu viel getrunken und erleichterten sich (oder, weniger taktvoll ausgedrückt, sie pinkelten!) gegen eine Wand. Ein Polizist ertappte sie auf frischer Tat und verhaftete sie. Sie bestanden darauf, dass er sie zum Opernhaus der Stadt brachte – er führte sie dorthin und behielt die beiden Strolche die ganze Zeit sehr argwöhnisch im Auge. Doch als sie dann beim Opernhaus ankamen und der Polizist sah, wie alle Leute den beiden »Strolchen« gegenüber so freundlich und zuvorkommend waren, verschwand er, ehe man hätte »Strawinsky« sagen können.

Noch einmal geriet Strawinsky wegen Picasso in Schwierigkeiten. Er hatte ein Porträt von sich im Gepäck, das Picasso in seinem einzigartigen modernen Stil gemalt hatte. Zollbeamte fanden das Bild, sahen sich die außergewöhnliche Ansammlung von Figuren und Formen an und beschlagnahmten es. Sie weigerten sich zu glauben, dass dies ein Porträt sein sollte – sie waren sich sicher, dass es sich dabei um einen verschlüsselten Plan eines Spions handeln musste!

———

Strawinsky wurde immer berühmter, denn 1911 wurde in Paris von Diaghilews Truppe *Petruschka* aufgeführt; bei einer Aufführung von *Le Sacre du Printemps* kam es 1913 zu Ausschreitungen. Doch das Leben war nicht immer nur rosig: Ein paar Tage nach den Ausschreitungen erkrankte Strawinsky an Typhus, einer gefährlichen Krankheit. Er erholte sich wieder davon, doch im Jahr darauf begann der Erste Weltkrieg und er ging in die Schweiz ins Exil. Von seinem Heimatland Russland war er abgeschnitten, er würde erst 1962 dorthin zurückkehren. Es kam aber noch schlimmer: 1917 brach die Russische Revolution aus, und Strawinsky hatte plötzlich keinen Zugriff mehr auf sein russisches Geld! Zudem stritt er sich mit Diaghilew, der mit seiner Truppe umherreiste und Strawinskys Stücke aufführte, ohne ihm dafür irgendetwas zu bezahlen. Schließlich schlossen sich einige von Strawinskys Bewunderern zusammen und sandten ihm eine stolze Summe Geld. Trotzdem waren es mit Problemen beladene Jahre, hatte er doch eine sehr große Familie zu ernähren.

Heimat verloren – Einkommen verloren …

Die Russische Revolution zerstörte das Russland, das Strawinsky vertraut war, und dies hatte für ihn verschiedene unerfreuliche Konsequenzen. Zunächst einmal waren seine Familie und seine Freunde, die noch in Russland waren, in großer Gefahr. (Seine ganz und gar nicht geliebte Mutter überlebte und zog einige Jahre später zu Strawinsky – für ihn Anlass genug, ständig schlecht gelaunt zu sein.) Dann muss er Russland vermisst haben, selbst wenn er es nicht zugab – das Land des zauberhaften Schnees, der leidenschaftlichen Seelen und der Volkstraditionen, die ihn so faszinierten.

Auch die Einkünfte aus seinen Kompositionen versiegten, nicht nur, weil russische Organisationen ihn nicht mehr bezahlen konnten, sondern auch, weil die in Russland erschienenen Werke, darunter *Der Feuervogel*, nicht mehr von den internationalen Urheberrechtsgesetzen geschützt waren, da die neue russische Regierung diese Gesetze nicht unterzeichnen wollte. Das bedeutete, dass ein Teil von Strawinskys Werken irgendwo auf der Welt gespielt werden konnte, ohne dass ihm dafür auch nur ein Cent bezahlt wurde. Ich bin sicher, dass er davon sehr begeistert war! Er fertigte neue, überarbeitete Versionen an, die er unter Urheberrecht stellte, doch er verlor trotzdem sehr viel Geld. Zudem wurde sein Eigentum in Russland von der Regierung beschlagnahmt.

Und er verlor noch eine zusätzliche, ziemlich dubiose Einkommensquelle: Er hatte seinen russischen Verwandten Geld zu hohen Zinssätzen ausgeliehen. Eine eigenartige Kombination – Komponist und Geldverleiher. Am Tag, an dem er seine Arbeit am Meisterwerk *Le Sacre du Printemps* abgeschlossen hatte, stellte er fest, dass ein freier Nachmittag vor ihm lag, da er das Stück bereits am Morgen beendet hatte. Doch verbrachte er ihn etwa damit, sich überschwänglich dafür zu bedanken, dass er einen Meilenstein in der Musikgeschichte geschaffen hatte? Nein, er verbrachte den Nachmittag damit, seinen Verwandten Briefe zu schreiben und von ihnen Zinszahlungen zu verlangen! Nicht gerade eine tolle Geschichte.

—

Strawinsky erkannte, dass er mit Auftritten viel schneller und viel mehr Geld verdienen konnte als mit dem Komponieren. Er war den Interpreten gegenüber überhaupt immer sehr argwöhnisch gewesen und hatte viel Zeit damit verbracht, einige seiner Stücke für mechanisches Klavier umzuschreiben, um so alle Musiker auszuschalten. Als jedoch offensichtlich wurde, dass niemand besonders großes Interesse am mechanischen Klavier zeigte, entschied sich Strawinsky, viel häufiger selbst Konzerte zu geben. Sobald auf der Welt wieder Frieden herrschte, erhöhte er die Anzahl seiner Konzerttourneen, auf denen er seine eigene Klaviermusik spielte und seine Orchesterwerke dirigierte. Die häufigen Tourneen bedeuteten zwar, dass er weniger Zeit zum Komponieren hatte. Doch er schaffte es, trotzdem noch einige Meisterwerke zu schreiben. Er hörte ohnehin nie wirklich auf zu komponieren; ihm kamen ständig musikalische Ideen in den Sinn – einmal hatte er eine im Flugzeug und musste sie auf Klopapier niederschreiben!

Dirigenten …

Als Interpret war Strawinsky ganz sachlich (von seiner enorm tiefen, theatralischen Verbeugung, mit der er das Publikum zu begrüßen pflegte, einmal abgesehen); sein Anliegen war, alles richtig zu machen und nicht, seine Gefühle zur Schau zu stellen. Er besaß sogar eine ganze Sammlung von Fotos, auf denen Dirigenten gequält oder weinerlich dreinblickten, und lachte immer leise bei ihrem Anblick – »Wer braucht es?« Wenn Strawinsky dirigierte, glich er einem Raubvogel, der im Sturzflug über seine Beute herfällt – und der, wenn er wütend wurde, manchmal seine Krallen in ein bedauernswertes Mitglied des Orchesters versenkte …

—

Die späten 1930er-Jahre waren eine schlimme Zeit für Strawinsky. Gegen Ende 1938 starb seine älteste Tochter, Ludmilla, an Tuberkulose; drei Monate später folgte ihr Catherine, die derselben Krankheit erlag. Bald darauf brach der Zweite Weltkrieg aus – doch zu diesem Zeitpunkt war Strawinsky bereits sicher in Amerika. Vera folgte ihm dorthin, und sie heirateten 1940. Für den Rest ihres Lebens ließen sie sich in den USA nieder.

Das Wichtigste zuerst …

Ich bin überzeugt, dass dies die schlimmste Zeit in Strawinskys Leben war; doch es ist schwierig zu erraten, wie er sich gefühlt hat. Natürlich zeigt seine Musik keine Anzeichen seines Kummers, doch es muss die Musik – und Vera – gewesen sein, was ihn tröstete. Also, er wurde kein bisschen weniger egoistisch. Einige Jahre nach seiner Ankunft in den USA wurde die Lage dort unsicher, und er fragte einen Freund voller Ernst, ob es eine Revolution geben könnte. Das sei möglich, antwortete der Freund. Strawinsky wurde wütend: »Wo soll ich denn arbeiten?«, wollte er entrüstet wissen. Das Wichtigste zuerst …

—

1948 erhielt Strawinsky von einem jungen Musiker namens Robert Craft, der im Begriff war, eines von Strawinskys weniger bekannten Werken in New York aufzuführen, einen Brief. Strawinsky fand den jungen Mann bereits vor ihrem ersten Treffen sympathisch und anerbot sich sogar, Teile des New Yorker Konzerts unentgeltlich zu dirigieren! Robert (oder Bob) gewann mit der Zeit die Strawinskys sehr lieb und wohnte schließlich die letzten 20 Jahre von Strawinskys Leben bei ihnen – möglicherweise wurde er zu jenem Kind, das Strawinsky und Vera zusammen nie hatten.

Für Strawinsky war Craft ein Glücksfall: Er war nicht nur jemand, der ihm bei den alltäglichen Dingen half, sondern auch jemand, der genauso intelligent (und häufig genauso verärgert) wie er selbst war. Durch Craft machte Strawinsky Bekanntschaft mit neuer Musik, gegen die sich Strawinsky in jungen Jahren so gesträubt hatte – dies ist unter anderem der Grund, weshalb sich Strawinskys Stil plötzlich änderte und viel moderner wurde. In der Tat war Craft eine große Hilfe; er sorgte sich um Strawinskys Korrespondenz und gab sogar Ratschläge bei neuen Kompositionen, wenn sie geschrieben waren, und probierte sie mit Strawinsky auf dem Klavier durch. (Nicht eine durchweg erholsame Erfahrung: Strawinsky hielt regelmäßig inne, um einen Akkord auszuprobieren, und fuhr dann ohne Warnung weiter – und schrie Craft jeweils an, weil er nicht mit ihm zusammen spielte!) Strawinsky, Vera und Craft reisten zusammen durch die Welt – Craft probte mit den Orchestern, die Strawinsky leiten würde (oft saß Strawinsky hinter ihm im Saal, hörte zu und dirigierte mit – eine weitere Erholung für Craft!) und übernahm in späteren Jahren für ihn jeweils eine Hälfte von seinen Konzerten, damit sich der alte Mann schonen konnte. (Das war für Craft sicher auch nicht einfach: Er war sich nur zu sehr bewusst, dass einige im Publikum nur gekommen waren, um einen flüchtigen Blick auf den großen Komponisten zu werfen. Und er bekam sicher nicht die Hälfte der Gage!)

Strawinsky und Craft produzierten eine Menge Bücher zusammen, in Form von Gesprächen zwischen ihnen; eigentlich wurden es zusehends Crafts Bücher, jedoch basierend auf Strawinskys Meinungen über die Musik. Während Strawinskys letzten Lebensjahren wurde berichtet, wie er als hilfloser Kranker im Bett lag und Craft gleichzeitig im Nebenzimmer saß und Artikel schrieb, die er dann mit »Igor Strawinsky« unterschrieb – ein seltsamer Gedanke. Doch wiederum kannte niemand (außer vielleicht Vera) im Alter Strawinsky besser als Craft; und die Bücher sind eine äußerst interessante Lektüre für Musikliebhaber.

Die Wärme eines Sohnes …

Die Geschichte von Craft ist ungewöhnlich. Im Grunde gab er für die Strawinskys seine Jugend auf; er war 24, als er sie kennenlernte, und 47 Jahre, als Strawinsky starb. Dazwischen widmete er sich mit Leib und Seele Strawinsky. Mich nimmt ja wunder, was Strawinsky gesagt hätte, wenn Craft erklärt hätte, er würde ausziehen und heiraten. Er wäre wahrscheinlich furchtbar wütend geworden; wie auch immer, dieser Fall trat nicht ein. Zudem stießen sich Leute aus Strawinskys Umkreis an der Position Crafts im Haushalt – natürlich niemand mehr als Strawinskys Kinder. Doch für Craft überwog der Reiz eines Lebens mit den Strawinskys die Schwierigkeiten; in seinen letzten Jahren verließ sich Strawinsky immer mehr auf »Bob«; sein größtes Vergnügen war, mit diesem zusammen Musik zu hören und dabei der Partitur zu folgen. Zu dieser Zeit war es nicht neue Musik oder gar Strawinskys eigene Werke, die er hören wollte, sondern die Musik von großen Komponisten der Vergangenheit, besonders Beethoven. Nach Strawinskys Tod kümmerte sich Craft, wiederum wie der Sohn, den sie nie hatte, um Vera, bis zu ihrem Tod 1982. Heute ist Robert Craft verheiratet, hat einen Sohn und ist als Dirigent immer noch sehr aktiv. Er hat sogar eine Reihe CDs aufgenommen, die alle der Musik von – wem wohl? – Strawinsky gewidmet sind!

——

Wahrscheinlich die unvergesslichste aller Konzerttourneen von Strawinsky war seine Rückkehr nach Russland im Jahr 1962 – seine erste Reise dorthin nach 48 Jahren! Nachdem er in den Jahren seines Exils immer wieder erklärt hatte, er fühle sich nicht besonders als Russe, so änderte Strawinsky seine Aussagen, sobald er in Russland ankam. »Ein Mensch hat einen Geburtsort, ein Vaterland, eine Heimat – er kann nur eine Heimat haben – und der Ort seiner Geburt ist der wichtigste Faktor in seinem Leben«, erklärte er; ein ziemlicher Sinneswandel, besonders für jemanden, der nicht wirklich für gefühlsbetonte Ansprachen bekannt war. Es war keine lange Reise, doch sie machte auf Strawinsky einen tiefen Eindruck – er redete während seines Aufenthaltes nicht einmal über Geld!

Während des Aufenthaltes in Russland …

… ging Strawinsky an ein Familientreffen in Sankt Petersburg, das von seiner Nichte organisiert worden war, die immer noch neben jener Wohnung lebte, in der Strawinsky aufgewachsen war. Sie zeigte ihm ein Foto seines Urgroßvaters Ignatiewitsch, der mit 111 Jahren gestorben war – und dies auch nur, weil seine Familie ihm verboten hatte, nachts das Haus zu verlassen und dazu die Gartentüre vor seinem Haus abschloss; Ignatiewitsch versuchte stattdessen, über den Gartenzaun zu klettern, und stürzte. An seinem 85. Geburtstag wurde Strawinsky gefragt, ob er Ignatiewitschs Beispiel folgen und 111 Jahre alt werden wolle. »Nein – die Steuern sind heutzutage viel zu hoch!«, war seine Antwort.

—

Mit der Zeit war Strawinsky schließlich zu schwach, um zu dirigieren, und er musste damit aufhören; er verlangte allerdings immer noch Gagen, und zwar für seine Anwesenheit bei den Aufführungen seiner eigenen Werke. (Obwohl seine späten Werke in der Öffentlichkeit nie wirklich populär wurden, ließ sein persönlicher Ruhm nie nach; sogar der Papst bat um ein Autogramm!) Am Ende wurde er leider so krank, dass er nicht einmal mehr Konzerte besuchen konnte. In seinen letzten Lebensjahren lebte er pflegebedürftig in New York; das waren schwierige Zeiten – auf jeden Fall war es nicht einfach, ihn zu pflegen! Seine besten Tage waren jene, an denen er sich stark genug fühlte, um Musik zu hören, Klavier zu spielen, ja, sogar um ein bisschen zu komponieren. Er starb 1971; nach der Trauerfeier in New York wurde sein Leichnam nach Venedig geflogen, in die Stadt der Kanäle; hier wurde er mit Glanz und Gloria – und vielen Fernsehkameras, die allen im Weg standen – auf einem russisch-orthodoxen Friedhof beerdigt, nicht weit vom Grab seines alten Freundes, Feindes und Meisters Diaghilew. Und später wurde Vera neben ihrem geliebten Ehemann beigesetzt.

Zäh, aber lecker ...

Während seiner letzten Krankheit schrumpfte Strawinsky; seine Stimme wurde zu einem Flüstern, sein Whisky musste so sehr mit Wasser verdünnt werden, dass man ihn nur noch erahnen konnte, und er war häufig bettlägerig und schien seiner Umwelt gegenüber gleichgültig zu sein. Doch manchmal blitzte der alte Strawinsky deutlich auf, besonders bei seinem Verhalten seinen armen Pflegerinnen gegenüber. Er warf einer von ihnen Kissen nach oder sammelte scheinbar aus dem Nichts seine Kräfte, um sie plötzlich anzubrüllen und sie so zu erschrecken. Einmal beklagte er sich bei Vera, die eben eine neue Pflegerin für ihn eingestellt hatte: »Meine Schmerzen hämmern schon im ganzen Körper – warum musst du mir auch noch eine solche Nervensäge aufhalsen?« Vera und Craft wussten, dass er einen guten Tag hatte, wenn er sich umsah, dabei die Pflegerinnen und die medizinische Ausrüstung erblickte und unruhig fragte: »Wie viel kostet das alles?« Ah, Strawinsky …

Doch es gab auch berührende Momente: Wenige Tage vor seinem Tod wünschte Vera, dass er seine Unterschrift auf einen Brief setzte. Er nahm den Füller, vergewisserte sich, dass sie zusah, und schrieb anstelle seiner Unterschrift langsam: »Oh, wie ich dich liebe!« Alles in allem hatte Strawinsky eben viele Seiten. Wie er einmal von sich selbst sagte: »Falls mich ein Löwe fressen sollte, werden Sie davon hören. Er wird sagen, der alte Mann habe ein zähes, aber leckeres Mahl abgegeben.« Und das ist nur recht und billig.

Musikalische Wörter

Akkord

Eine Gruppe von Tönen, die gleichzeitig gespielt werden.

Concerto, Konzert

Ein Musikstück, gewöhnlich mit 3 oder 4 Sätzen, für Orchester mit einem oder mehreren Soloinstrumenten. Das Soloinstrument hat mehr zu tun als die Orchesterinstrumente und kann sich gewöhnlich groß in Szene setzen!

Dirigent

Die Person, Mann oder Frau, die vor einem Orchester steht, den Takt schlägt und es irgendwie schafft, dem Orchester zu vermitteln, wie das Stück klingen soll. Komisch: der Dirigent macht im Grunde gar kein Geräusch, aber ein Orchester klingt je nach Dirigent ganz anders – Zauberei!

Flöte, Klarinette, Oboe, Saxofon, Fagott

Holzblasinstrumente: Blasinstrumente, die aus Holz sind oder einmal aus Holz gemacht wurden. (Die Materialien habe sich in letzter Zeit ein bisschen geändert; moderne Flöten beispielsweise werden gewöhnlich aus Metall gefertigt.) Jedes dieser Instrumente besitzt eine ganz andere Persönlichkeit.

Geige, Bratsche, Cello, Kontrabass

Saiteninstrumente – d.h. Holzinstrumente mit 4 Saiten (aus Stahl oder Darm – aus Tiereingeweide!), die mit einem Bogen, der mit Pferdehaar bespannt ist, gespielt werden. Die Geige spielt die höchsten Töne, die Bratsche ist in der Mitte, das Cello hat einen (wunderschönen!) tiefen Klang, und der Kontrabass, der tiefste von allen, ist der Großvater

Harfe, Gitarre

Saiteninstrumente, die durch Zupfen der Saiten gespielt werden, aber ohne
Bogen; Popmusiker spielen Gitarre, Engel spielen Harfe.

Horn, Trompete, Posaune, Tuba

Blechblasinstrumente: Instrumente, die aus – was wohl? – Blech gemacht
werden; sie können ganz schön Krach machen!

Kammermusik

Musikstücke für zwei oder mehr Instrumente mit einem Spieler pro Stimme. (Sonaten für zwei Instrumente zählen zur Kammermusik.)

Klavier, Cembalo, Orgel

Tasteninstrumente, auf denen man gleichzeitig mehr Noten spielen kann
als auf anderen Instrumenten; deshalb hatte praktisch jeder Komponist eines dieser Instrumente als Hauptinstrument. Diese Instrumente brauchen
allerdings eine Behandlung beim Zahnarzt, denn sie haben viele schwarze
Zähne zwischen den weißen. (Na schön, es sind Tasten – aber sie sehen
aus wie große Zähne.)

Oper

Ein vertontes Theaterstück mit Sängern, die auch schauspielern müssen,
und das von einem Orchester begleitet wird. Oft kommen darin tragisch
sterbende Leute vor, denen es aber irgendwie gelingt, während ihres Ster-
bens ziemlich lange und sehr laut zu singen.

Opus

Oft zu »op.« abgekürzt: Lateinisch für »Werk«. Die Musik der meisten
Komponisten wurde in der Reihenfolge ihrer Entstehung aufgelistet. Zum
Beispiel: Die ersten Werke, die Beethoven in Wien veröffentlicht hat, sind
seine drei Klaviertrios, op. 1, geschrieben, als er Mitte 20 war; die letzten
Werke, die er schrieb, sind seine Streichquartette, op. 130–135.

Orchester

Eine große Gruppe Musiker – mit Blasinstrumenten, Streichinstrumenten, Perkussionsinstrumenten und (manchmal) Tasteninstrumenten –, die alle zusammen musizieren; ein beeindruckender Anblick und Klang.

Perkussionsinstrumente

Es gibt viel zu viele, um hier alle aufzuführen – doch grundsätzlich sind dies Instrumente, die mit einem Stock geschlagen (wie Trommeln oder Triangel), zusammengeschlagen (wie das Becken) oder auf eine andere Art und Weise misshandelt werden; auch sie machen ziemlich viel Krach.

Postum

Oft zu »post.« abgekürzt, bedeutet »nach dem Tod«. Vielfach wird das letzte Werk eines Komponisten als »op. post.« bezeichnet. Das bedeutet nicht, dass sie es nach ihrem Tod geschrieben haben, was ein bisschen schwierig wäre – sondern dass es nach ihrem Tod veröffentlicht worden ist.

Quartett

Musik für 4 Spieler; Streichquartette werden beispielsweise fast immer für 2 Geigen, Bratsche und Cello geschrieben.

Quintett

Musikstück für 5 Instrumente.

Satz

Ein großer Abschnitt mit einem eigenen Anfang, Mitte und Ende, in sich selbst vollständig, doch Teil eines viel größeren Werks; gewöhnlich gibt es nach jedem Satz eines Stückes eine kurze Pause – als wären es Szenen in einem Theaterstück.

Sextett

Nicht, was du denkst – einfach Musik für 6 Instrumente.

Sonate

Ein Musikstück, meistens mit drei oder 4 Sätzen – gewöhnlich für 1 oder 2 Instrumente.

Symphonie

Ein Musikstück – ebenfalls meistens mit 3 oder 4 Sätzen – für Orchester, gelegentlich auch noch mit Sängern.

Tonart

In der Musik gehen die Töne von A bis G und fangen wieder bei A an; zwischen den 7 Haupttönen gibt es Töne, die ein Kreuz oder ein b als Vorzeichen haben. Jeder Ton hat seine eigene Tonleiter – eine Reihe Töne, die auf demselben Tonnamen beginnt und wieder aufhört. Es gibt im wesentlichen zwei Tonleitern, Dur und Moll, die verschiedene Kombinationen von Tönen verwenden; Dur klingt eher fröhlich, Moll eher traurig. Zwischen dem frühen 17. und dem frühen 20. Jahrhundert hatte jedes Stück bei einer dieser Tonleitern sein »Zuhause«, wobei der Hauptton die Tonart des Werkes bezeichnet. Jeder Satz des Stückes beginnt mit Tönen jener Tonleiter, bei der es zu Hause ist, geht durch viele Tonarten hindurch auf Reisen und kehrt auf den Tönen derselben Tonleiter wieder zurück. Puh! Sehr kompliziert, aber die Tonart ist eine gute Möglichkeit, ein Stück zu identifizieren. Wenn wir zum Beispiel von Brahms' G-Dur-Geigensonate sprechen, wissen die Leute sofort, von welcher der drei Sonaten wir sprechen. Weit wichtiger ist hingegen das befriedigende Gefühl des »Heimkehrens«, das man am Ende einer langen musikalischen Reise erhält (auch wenn man nicht weiß, woher es kommt) – wie wenn die Geschichte ihr gebührendes Ende gefunden hat.

Trio

Musikstück für drei Spieler; die meisten Trios sind für Geige, Cello und Klavier.

DANK

Etwas vom Schönen am Umherreisen und dabei mit meinem Cello Konzerte zu geben – außer dem guten Essen und den tollen Hotels, wo ich manchmal absteige – ist, dass ich viele wirklich interessante Musiker treffe, die viel mehr über Musik wissen als ich selbst. (Obschon das nicht viel aussagt, das ist mir klar.) Viele dieser unglücklichen Leute haben mir ohne Bedenken ihre Adresse gegeben und waren sich nicht bewusst, dass ich sie mit den Kapiteln dieses Buchs bombardieren und sie erst in Ruhe lassen würde, wenn sie mir gesagt hatten, was sie davon hielten, und mir jeden Fehler gezeigt hatten, der mir unterlaufen war. Wahrscheinlich sind immer noch ein paar Fehler drin – obwohl ich mich sehr bemüht habe, sie auszumerzen; doch sollte dies zutreffen, dann ist es nicht die Schuld dieser Leute! Ich sandte das Bach-Kapitel an Ton Koopman und Christopher Hogwood – zwei berühmte Dirigenten, die ebenfalls wandelnde Lexika sind. Das Mozart-Kapitel drängte ich Cliff Eisen auf, einem leidenschaftlichen Mozart-Forscher, dessen Augen immer aufleuchten, wenn der Name Mozart fällt. (Auch sein Sohn Sam ließ mich seine Meinung wissen, was sehr nützlich war.) Das Beethoven-Kapitel sandte ich meinem Freund Misha Donat, der gerade ein Buch über Beethoven schreibt und dessen Nase fast so groß ist wie meine. Das Brahms-Kapitel wurde eingehend geprüft von Styra Avins, die Brahms bewundert und ihn wirklich versteht; der Pluspunkt war ihr köstliches Hähnchengericht, bei dem wir über Brahms diskutierten. Michael Oliver – den ich zuerst als wunderbar ruhige Radiostimme kannte und der sich, als wir uns trafen, als genauso ruhig herausstellte, wie er klang, sogar während Livesendungen, aber auch als sehr komisch – prüfte für mich das Strawinsky-Kapitel. Das einzige Kapitel, das ich von niemandem habe gegenlesen lassen, ist jenes über Schumann; ich habe so viel Zeit meines Lebens mit Lesen über mein Idol Schumann zugebracht, dass ich es wagte, dieses ungeprüft zu veröffentlichen – mutig oder vielleicht auch dumm von mir … Im Allgemeinen möchte ich allen meinen schwer geprüften Freunden danken, die gezwungen wurden, Teile dieses Buchs zu lesen; speziell Rena Fruchter, die mich auf ein paar Grammatikdinger aufmerksam gemacht hat (Grammatik war in der Schule nicht meine Stärke – ich muss daran arbeiten) und mir befahl, eine besonders geschmacklose Bemerkung zu entfernen. (Diese wird niemand erfahren!) Rosie Yeatman, eine Freundin von mir, entzifferte großzügig mein Gekritzel, riskierte dabei einen permanenten Augenschaden und tippte es ab, sodass es wie ein richtiges Buch auszusehen begann. Die Leute bei Faber – Suzy Jenvey und Belinda Matthews – waren großartig; sie erledigten ihre Aufgabe – mich im Auge zu behalten, sicherzustellen, dass ich nicht zu weit hinter den Abgabetermin zurückfiel, und mich zu überreden, nicht alles zu zerreißen, wenn ich in schlechter Stimmung war – mit großem Takt und Gelassenheit. Meine »Literaturagentin« – klingt das nicht erwachsen? Ha! – Deborah Rogers war ebenfalls herrlich ermutigend. Und ich möchte im Voraus allen Leuten danken, denen ich hier vergessen habe zu danken, dass sie nicht über mich verärgert sein werden, weil ich vergessen habe, ihnen zu danken.

Schließlich muss ich meiner wesentlich besseren Hälfte Pauline danken, dass sie, während ich mich mit diesem Buch abrackerte, sich beinahe ständig mit der Hinteransicht meines Kopfes abfand, wenn ich zu Hause war. (Na ja – es ist eine Verbesserung gegenüber meiner Vorderansicht, das muss ich sagen.) Und dann ist da mein Sohn Gabriel, für den dieses Buch wirklich geschrieben wurde: Ich habe ihm zu danken, dass er a) beim Vorlesen von Teilen dieses Buchs einschlief und mir so zeigte, wo ich noch ein bisschen mehr Leben hineinbringen musste, und b) nicht zu sehr an meinem Arm rüttelte, während ich zu schreiben versuchte.

BIOGRAFIE DES AUTORS

Steven Isserlis wurde in einem recht frühen Alter geboren. Seine ganze Familie war musikalisch – sein Vater spielte Geige, seine Mutter Klavier, seine zwei Schwestern Geige und Bratsche –, deshalb wählte er das Cello, weil er auch mitspielen wollte. Er entschied bald, für den Rest seines Lebens Cello zu spielen (unter anderem deswegen, weil man bei diesem Beruf am Morgen nicht allzu früh aufstehen muss).

Er studierte in England, Schottland und Amerika; seine Lehrerin war eine wunderbar exzentrische Frau namens Jane Cowan, die ihn davon überzeugte, dass er sich mit den Komponisten, deren Musik er spielte, anfreunden musste. 1998 zeichnete ihn die englische Königin »für Verdienste um die Musik« mit einem Orden aus (doch insgeheim argwöhnt er, er habe ihn wegen seines Aussehens erhalten), und im Jahr 2000 verlieh die Stadt Zwickau (Geburtsort des Komponisten Robert Schumann, dem in diesem Buch ein Kapitel gewidmet ist) dem Lockenkopf den Robert-Schumann-Preis 2000.